AI와 디지털 휴머니즘

인공지능총서

인공지능 시대입니다. 기계가 인간의 인지를 대신하고, 사물이 인간을 통하지 않고 다른 사물과 직접 커뮤니케이션합니다. 이에 따른 인간 삶과 문명 변화를 정확히 이해·예측·대응하는 것은 이 시대 우리 모두의 과제입니다. 인공지능총서는 인공지능 기술과 환경의 여러 주제를 10가지 키워드로 정리합니다. 관련 개념과 이론, 학계와 산업계의 쟁점, 우리 일상의 변화를 다룹니다. 인간과 기술의 현재, 미래를 세심히 분석합니다.

일러두기

- 인명, 작품명, 저서명, 개념어 등은 한글과 함께 괄호 안에 해당 국가의 원어를 병기했습니다.
- 외래어 표기는 현행 어문규정의 외래어표기법을 따랐습니다.
- 이 책은 필자의 석사학위 논문인 "인공지능 시대에 디지털휴머니즘의 인간학적 의미"(2023)를 수정하고 보완하여 재구성되었음을 밝힙니다.

AI와 디지털 휴머니즘

방은찬

대한민국, 서울, 커뮤니케이션북스, 2025

AI와 디지털 휴머니즘

지은이 방은찬
펴낸이 박영률

초판 1쇄 펴낸날 2025년 3월 14일

커뮤니케이션북스(주)
출판 등록 2007년 8월 17일 제313-2007-000166호
02880 서울시 성북구 성북로 5-11
전화(02) 7474 001, 팩스(02) 736 5047
commbooks@commbooks.com
www.commbooks.com

ISBN 979-11-7307-724-1 03500

책값은 뒤표지에 표시되어 있습니다.

차례

AI 시대 인간 존재의 본질 규명 vii

01 AI 인간학을 위한 근대 인간학 이해: 르네상스 휴머니즘 1

02 AI 인간학을 위한 근대 인간학 이해: 계몽주의 휴머니즘 13

03 AI 시대, 인간과 기술의 관계 23

04 AI와 디지털 휴머니즘 33

05 AI 기술에 관한 인간학적 물음 41

06 AI와 포스트휴먼 51

07 포스트휴먼 시대의 윤리적 대응 67

08 디지털 휴먼의 존재론적 전회 81

09 디지털 휴먼의 인간학적 전회 89

10 AI 시민을 위한 디지털 휴머니즘 107

AI 시대 인간 존재의 본질 규명

'인간 존재의 본질은 어떻게 규정될 수 있는가'에 대하여 인간은 끝 모르는 인간학적 물음을 개진한다. 그 안에서 어떤 이는 집과 같은 공간을 인간학적 의미를 포착하는 상(像)으로 활용한다. 예를 들면, 변순용은 "집은 인간의 본질을 규명하는 데 있어서 중심적인 기능(변순용, 2011b, p.114)"이 되며, 따라서 집과 같은 "공간을 통해 인간 현존재의 의미가 구성(변순용, 2017, p.78)"될 수 있다고 제시한다. 이처럼 인간 현존재를 근원적 의미에서 공간적으로 바라보며 거주함 자체를 인간의 본질로 바라본 하이데거(Heidegger), 거주함을 통해 진정한 인간이 될 수 있다고 생각한 볼노(Bollnow), 집을 인간의 최초 세계로 간주한 바슐라르(Bachelard) 등의 논의가 공간으로부터 인간학적 의미를 탐색한 것으로 볼 수 있겠다(김은수 · 변순용, 2015, p.156; 변순용, 2011b, p.114; 변순용, 2017, p.78). 나아가 인간학적 의미를 부여받은 집 또는 공간은 '기계'의 한 유형으로 치부되기도 한다. 르 코르뷔지에(Le Corbusier)는 내부에 삶의 공간을 제공하는 기계로서 집을 정의하고 있고, 힐리어(Hillier)도 배치를 매개로 하는 확률 기계로서 공간을 계설(界說)하고 있다(변순용, 2011b; Hillier, 1996). 힐리어가 생각하기에 기계란 재료를 새롭게 변형시키는 장치인데(Hillier, 1996, p.371), 그런 면에서 공간은 기계의 조건에 부합하는 것이다. 결국 인류는 자연스럽고 당연하게 공간-기계에 생식(生息)하는 존재가 되어 기계-세계로 미끄러지듯이 편입된다.

그리고 이제는 인간마저도 기계-세계에서 홀로 비(非)기계로 존립하지 아니하고, 인간-기계로서 또 하나의 기계라 여겨지기도 한다. 이는 근대의 기계론적 인간학에서 분명하게 드러난다. 의사자 계몽철학자인 라 메트리(La Mettrie)는 1748년에 『인간기계론』을 출판하며 인간에 관한 그의 기계론적이고 유물론적인 입장을 굳힌다. 라 메트리는 특히 데카르트(Descartes)의 기계론을 의식한 채로 자신의 인간기계론을 주창한다(박평종, 2019; 여인석, 2009; 여인석, 2014; 이병태, 2021; 조영란, 1991). 애초에 몸과 영혼을 분리한 데카르트의 이원론으로 인하여 데카르트의 기계론적 인간학은 동물-기계로서의 메커니즘을 따르는 인간의 몸으로만 직결하기에 제한적인 유물론의 성격을 지닌다(황상익, 1993). 그렇기에 데카르트의 기계론적 인간학은 데카르트의 인간학 총체에 해당하지는 않는다. 그러나 라 메트리는 극단적인 유물론자로서의 소임을 다하듯 데카르트의 동물기계론을 급진적으로 수용하며 기계론적 인간학으로 그의 인간학 전부를 구성해 간다(김보영, 2018). 결국 이로써 라 메트리에 의하여 인간은 완연한 인간-기계로 설정된다.

그러나 데카르트의 동물 기계론이나 라 메트리의 인간기계론으로 말하자면 근대 기계론(mechanism)의 한 장면으로 나타나는 것인데, 이것이 실질적으로 뜻하는 바는 인간과 기계의 인과적 동질성이다. 반면에 근대의 것과 다르게 현대의, 특히 인공지능 시대의 인간기계론은 새로운 국면을 맞이하게 된다. 기계를 포함하여 현대의 기술이 인간과 닮아 가는 방식은 이제 형이상학의 차원에 머물러 있지 않으며, 하나의 현상으로 출현하여 우리의 감각으로 경험된다. 또한 근대 인간기계론의 인간과 기계는 등식의 좌변과 우변에 분리되어 존재하였는데, 현대에 와서 인간과 기술은 하이브리드적 주체(hybrid subject)로서 높은 수준의 결합 완전성을 보이며 통합된 존재가 된다. 그렇게 생각한다면 인공지능 시대의 인간기계론은 들뢰즈와 가타리의 '일반적인 기계 주의(machinism)'와는 또 다른 논점을 갖게 될 것이다.

이제 현대 과학기술 시대에 접어들면서 맞이하게 된 인간 이해의 새 물음의 필요성이 물밑에서 떠오른다. 철학적 인간학을 발전시킨 막스 셸러(Max Scheler)(1976, p.66)는 "인간은 동물처럼 종의 성질을 가지고도 확고부동하게 고정된 존재가 아니라 자기 형성을 하면서 점차적으로 확대되어 가고 있는 세계와의 관계에서 존재하는 개방된 존재(Weltoffennes Wesen)"라 부른다. 따라서 '개방된 존재'로서 인간이 확대되어 가는 현대적 기계-세계 내지 기술-세계와의 관계 속에서 인간 존재의 본질에 관하여 떠오르는 물음에 던져 가는 인간학적 회답은 아주 예사로운 일로 보인다. 이와 같은 관점은 하이데거에게서도 마찬가지로 관측된다. 하이데거는 존재 가능(Seinkönnen)을 문제 삼는 인간 현존재(Dasein)를 '존재 가능성(Seinsmöglichkeit)'이라고도 표현하는데, 이로써 인간은 고정적 존재가 아닌 '가능적 존재'로 불리게 된다(진교훈, 2015, p.130). 가능적 존재인 인간은 자기 자신의 존재 자체를 문제 삼음으로 말미암아 스스로 초월해 가는 존재가 된다. 가능적 존재자 초월적 존재인 인간 현존재는 그의 존재 방식에 따라 자신의 존재 의미에 대한 환원적이고 종속적인 물음으로서 사물을 포함한 모든 존재자의 존재에 대한 물음을 던지게 되는 것이다(서동욱, 2011, p.79). 한마디로 정리해서 인간의 존재의미를 묻는 과정에서 새롭게 등장한 존재자로서의 기술적 대상에 우리의 인간학적 물음이 가닿을 수밖에 없는 것이다.

그렇다면 우리는 무수히 확장된 현대 과학기술 사회안에서 어떤 기술적 대상으로부터 인간 존재의 의미를 살펴야 하는가? 이에 여기서는 '디지털 휴먼(Digital Human)'을 그 대상으로 삼고자 한다. 디지털 휴먼은 인공지능, 모션 캡쳐 등의 디지털 기술을 바탕으로 제작된 "인간의 모습과 언어, 행동을 사실적으로 모사한 3D 인간 모델"로(한상열, 2022) 정의되는 지극히 기술적인 개념이다. 여기서 핵심은 '사실적'에 있다. 인간 마네킹, 휴머노이드 로봇, 디지털 휴먼과 같은 인간 모사 기술은 인간과 어느 정도로 닮았는지가 제작의 성공 요건이다. 따라서 여기서만큼은 '사실적'이 '인간적'으로 대용될 수 있을 것이다.

그런데 디지털 휴먼의 '사실적'이고 '인간적'인 정도가 도달한 수준이 코로나 쇼크와 메타버스 황금기를 지나며 높은 완성도를 보이게 되었다. 디지털 세계 안에 제한되기는 하지만 이미 표면적인 외형은 인간의 것과 구별하기 쉽지 않으며, 움직임의 동선마저도 자연스럽고 부드럽게 이어진다. 여기에 챗지피티(ChatGPT)의 파격적인 등장은 생성형 인공지능(Generative AI)의 기술력을 증진하여 디지털 휴먼 의사소통 능력의 한격(限隔)을 뚫어 자연스러운 대화 가능성을 확보해 주었다. 복합적인 발전 아래에서 디지털 휴먼의 개발 동향은 인터랙티브(interactive) 디지털 휴먼, 실시간(realtime) 디지털 휴먼과 같이 정해진 맥락의 대화가 아닌 즉각적 맥락의 대화가 가능한 방식으로 변해 가고 있다. 나아가 스크린 안에서 단절되고 분리된 존재로 느껴졌던 기존과는 달리 실제 현장에 동존하는 3D 홀로그램 디지털 휴먼도 제작되고 있다. 이처럼 디지털 휴먼의 '인간적'인 발전 양상을 볼 때, 디지털 휴먼이 현재로서는 기술 그 자체를 의미하지만, 디지털 휴먼을 단지 기술로만 보는 것은 기술 현상에 관한 단편적인 환원으로 랭던 위너(Langdon Winner)의 생각처럼 '기술적 몽유병'에 빠지는 것과 같다. 랭던 위너는 기술이 "무의식적인 것이 되고 은폐"되는 이유를 그것이 기술 안에 숨겨져 있기 때문이 아니라 "반복적인 관계에서 중요하지 않은 일상"적인 것이 되기 때문이라고 표현하며(Nordmann, 2008, p.19), 기술을 제대로 관심 대상으로 올려 두지 못한 상태를 "기술적 몽유병”이라 표현한다(조창오, 2021, p.288). 그러므로 디지털 휴먼이 인간과 닮아 가기를 원하고 진정 그렇다고 인정할 만한 부분들이 넓어져 가고 있다면, 분명 그들로부터 우리는 다시 인간의 조건, 존재, 정체를 향하여 재귀적이고 반성적인 물음을 던질 수 있어야 한다.

그렇다면 디지털 휴먼으로부터의 인간학적 물음은 어떠한 방식으로 물어져야 하는가? ‘휴머니즘(humanism)’은 인간학 연구에서 하나의 방향성을 제공한다. 휴머니즘은 대략 두 줄기의 의미를 지니는데, 그 뜻이 한편으로는 ‘인문주의’로서 인문 교양 교육이면서 동시에 한편으로는 ‘인본주의’로서 인간 존엄성 기반의 인간 이해의 철학으로 통한다(신승환, 2020).휴머니즘의 한국식 표현은 ‘인간주의’, ‘인본주의’, ‘인문주의’, ‘인도주의’ 등 다양하게 쓰이나, 르네상스 시기에 특정한 주의 주장(-ism)을 담은 체계로 나타난 ‘인문주의’와 “르네상스적 토양에서 자라난 이 체계가 18세기 유럽 계몽주의 시대를 거치면서 철학화하고 그를 통해 체계화된 특정한 인간 이해”를 담고 있는 ‘인본주의’가 주로 쓰이고 있다(신승환, 2020, pp.14-15). 두 줄기의 원류는 그리스 · 로마의 문화적, 철학적 토대 아래서 인간의 존엄을 기치로 둔다는 점에 있다. 그러나 굳이 가르자면 인공지능 시대에 들어

서면서 변모되고 있는 인간 이해의 양태를 분석하고 진단하는 이 글에서는 인본주의로서의 휴머니즘을 주로 다루게 될 것이다. 그리하여 이 글은 휴머니즘이라는 용어를 중심으로 과거로부터 현재까지 인간 이해가 어떻게 이루어지는지 살펴보고, 인공지능 시대에 필요한 인간 이해의 형식에 관하여 묻고자 한다.

한편 1966년에 『말과 사물(Les mots et les choses)』에서 인간의 종말을 선언하며 인간중심주의에 관하여 비판적 입지를 보였던 미셸 푸코가 인간의 개념이 18세기에야 구성되었으며, 인간 개념의 성립에 기인하여 '근대'가 규정된다고 표현한 것은 18~19세기에 인간학 연구가 얼마나 열띠게 펼쳐졌는지를 역설한다(허경, 2008, p.331). 당시는 학문적 패러다임의 인간학적 전환(anthropologische wende)으로 인하여 근대의 사유적 특징으로서 '인간' 존재를 향한 물음이 본격적으로 지식의 영역에 침투하여 계몽주의 인간학이 형성되던 시기였다(이영기, 2016). 그리고 계몽주의로부터 확립된 근대적 인간상의 배경에는 '근대의 여명'이라고도 불리는 르네상스 인간상이 자리하고 있다(성염, 2001, p.34). 시간의 정방향대로 거슬러 보면 인간을 이 세계의 주인으로 의식하게 된 르네상스를 거쳐 계몽주의 시기에 이르러 인간의 시대가 본격적으로 개막한 것이다(홍길표, 2004, pp.27-28). 이로써 근대 인간중심주의(anthoropozentrismus)의 성행이 이루어졌기에 전과는 구별된 인간 존재에 관한 새 이해가 요구되는 것은 당연지사였다. 이같이 근대에 이루어진 인간 존재를 규명하는 작업은 "인간이 대체 어떤 존재인지에 대한 답변의 하나"(최진석, 2015, p.382)인 '휴머니즘'의 이념 아래 지속된다. 특히 휴머니즘은 "유구한 역사를 갖기보다는 아주 최근에 생겨나서 지금 쇠퇴해 가는 이념"(최진석, 2015, p.382)이니만큼 근대 시기의 인간상을 밝히 아는 데 대단히 유관하다.

영어 '휴머니즘'의 언어적 출현은 1808년에 독일 교육학자 니트하머(Niethammer)가 지칭한 독일어 '후마니스무스(humanismus)'로부터라고 알려져 있다(최진석, 2015; 한기철, 2016; Bullock, 1989, Neithammer, 1808). 그리고 영어 '휴머니즘'과 독일어 '후마니스무스'는 기원전 1세기에 로마 학자들이 헬라스어 '파이데이아(paideia)'를 수입하며 번역한 라틴어 '후마니타스(humanitas)'를 언어적 근원으로 삼고 있다. 후마니타스는 우리말로 '인간성', '인간됨', '인문 정신', '인문학'으로 옮겨지곤 하는데(안재원, 2009, p.144), 이와 유사하게 파생어인 휴머니즘도 ‘인간주의’, ‘인본주의’, ‘인문주의’, ‘인도주의’ 등 여러 형태의 어휘로 표현된다(김세희, 2018; 이순성, 2023; 임병철, 2009; 한기철, 2016). 결국 휴머니즘은 나름대로 정리된 줄기들은 있으나 최종적으로 합의된 바가 없는 개념이며, 다시 말해 용어를 다루는 학문의 분야와 성격에 따라 뉘앙스를 달리하곤 한다.

그렇지만 휴머니즘의 각 양태를 관통할 수 있는 일반적이고 보편적인 어의(語義)가 다음과 같이 논의되기도 한다. 임병철(2009)에 따르면 “휴머니즘은 일반적으로는 인간의 가치나 존엄을 강조하거나 인간 삶이나 사고에 관심을 가지는 사조나 경향”이다. 또한 김세희(2018)나 이서규(2017)는 휴머니즘이 ‘인간다움의 추구’라는 일반 목적을 지니고 있다고 본다. 이를 볼 때 휴머니즘의 본질적인 전제는 인간에 관한 전이해며, 여기로부터 촉발하지 않고는 ‘인간의 가치나 존엄이 어디에서 근거하는지’, ‘인간 삶이나 사고가 왜 구별되어 논의되어야 하는지’, ‘추구해야 하는 인간다움이라는 종착지가 구체적으로 무엇인지’에 대하여 도무지 답을 내릴 수 없게 된다. 따라서 휴머니즘은 어떠한 이념보다 인간 이해에 지대한 관심을 쏟아야 하기에, 근대 사회에서 형성된 르네상스 휴머니즘이나 계몽주의 휴머니즘과 같은 담론을 파헤치다 보면 근대적 인간상이라는 주름이 어느 정도 펼쳐질 것이라 가늠할 수 있다.

아는 바와 같이 휴머니즘의 발흥은 14~16세기의 르네상스와 18~19세기의 계몽주의에서 크게 이루어졌기에 휴머니즘으로부터 과거의 인간 이해의 모습을 할 수 있다. 반면에 아이러니하게도 현재의 새로운 인간 이해의 모습은 휴머니즘의 쇠퇴가 주를 이룬다. 이는 특히 '포스트휴머니즘(posthumanism)'이라는 사상 안에서 직선적으로 관망할 수 있다. '이후'를 뜻하는 접두사 '포스트(post)'와 휴머니즘의 합성어인 포스트휴머니즘이기에 이미 용어 자체로부터 휴머니즘은 이전의 것이 되어 버린다. 휴머니즘을 밀어내고 있는 포스트휴머니즘은 다른 것보다 근대에 형성된 인본주의로서의 휴머니즘에 관한 문제의식에서 도출된 탈인본주의와 탈인간중심주의 사상을 주로 가리킨다. 그렇지만 근래에는 논의의 급격한 확산으로 인하여 생각보다 포스트휴머니즘의 갈래가 다양해지고 있다. 심지어는 이성을 기반으로 하여 과학기술을 발전시켜 인간을 물질적으로 향상하고자 하는 운동인 트랜스휴머니즘(transhumanism)에서도 트랜스휴먼(transhuman)이 포스트휴먼(posthuman)의 과정적 측면이라고 자처하고 나서다 보니, 트랜스휴머니즘이

전통적인 휴머니즘을 강력하게 계승하고 있음에도 포스트휴머니즘 안에 포함하는 일이 생기게 되었다. 그로 인하여 사상적 성격이 강한 포스트-휴머니즘과 운동적 성격이 강한 포스트휴먼-이즘의 차이에 주의하여 차라리 이를 포괄하여 포스트휴먼 담론이라고 정리하는 추세가 나타나고 있다. 여하튼 디지털 휴먼을 대상으로 현시점에서 요구될 수 있는 인간학적 논의를 진행하려면 예전부터 나중까지의 인간 이해를 들여다볼 수 있는 휴머니즘 사상사가 단단한 지반을 다져줄 수 있을 것이다. 다만 휴머니즘의 문제점은 포스트휴먼 담론으로부터 포착되고 있다는 점에서 이 글에서는 포스트휴먼 담론에 관한 비판적 고찰로부터 디지털 휴먼의 휴머니즘적 연결 가능성을 모색한다. 물론 일전에 '디지털 휴머니즘(Digital Humanism)'을 전면에 걸고 있는 집단도 있는데, 그들의 목소리는 디지털 네트워크 시대의 시민적 생활 방향을 탐색한다는 점에서 일종의 운동에 가깝다. 그러한 점에서 이 글에서 인공지능 시대에 '인간이란 무엇인가'의 본질적인 인간 존재 물음에 답하기 위하여 분투하는 인간학으로서 지칭될 '디지털 휴머니즘'과는 개념적 결이 다를 것이다.

이 책의 구성

이에 궁극적으로 이 글이 천착(穿鑿)하는 목적은 다음과 같다. 인공지능과 같은 인간 유사성을 목적으로 하는 현대 기술의 첨단화로 인하여 인간과 기술의 상호 지향성 · 유사성 · 결합성 · 연결성 등이 가속화되면서 기술과의 관계 속에서 인간의 의미를 재구성하는 인간학적 물음이 빗발치고 있다. 다만 포스트휴머니즘이나 트랜스휴머니즘과 같은 물음의 흐름은 대체로 인간의 기술화로부터 촉발하고 있어 인공지능 시대의 기술의 인간화라는 성격도 잘 포괄할 수 있는 휴머니즘이 요구된다. 그러므로 이 글은 기술 사회로부터 야기된 인간학적 과도기에서 기술의 인간화에 관한 표상으로 대표될 수 있는 디지털 휴먼이 단순히 기술적 대상이라는 지위를 극복하여 여타의 휴먼 담론처럼 '디지털 휴머니즘'이라는 인간학적 의미를 어떠한 방식으로 구성할 수 있는지 탐구하고자 한다. 여기서 말하는 '디지털 휴머니즘'이란 단적으로 디지털 휴먼이라는 기술을 체계적으로 이론화하는 것을 뜻하지 않으며, 또한 디지털 네트워크 시대의 인간이 살아가야 할 시민적인 방향성을 탐색하는 것을 나타내지도 않는다. 그보다는 디지털 휴먼이라는 기술 표상으로부터의 철학적 반성 작용을 거듭하여 인간 곁에 존재하는 디지털 휴먼에게서, 그리고 디지털 휴먼 곁에 존재하는 인간에게서 총체적으로 도출될 수 있는 인간학적 의미를 내포하는 개념이라고 하는 것이 적절할 것이다.

1장("AI 인간학을 위한 근대 인간학 이해: 르네상스 휴머니즘")에서는 신 중심의 중세 사회에서 인간 중심의 근대 사회로 돌아서는 전환점인 르네상스 시기의 휴머니즘 사상을 살펴본다. 이를 통해 AI 인간학 일부가 벗어나고자 하는 인간중심주의의 근원으로서 인간의 존엄과 자유에 관한 논의가 어떻게 시작되었는지 파악한다.

2장("AI 인간학을 위한 근대 인간학 이해: 계몽주의 휴머니즘")에서는 근대의 인간중심주의를 공고하게 만들어 지금의 인류 사회에 이르게 한 계몽주의 휴머니즘을 확인한다. 이를 통해 인간 이성이 인간중심주의를 어떻게 강화하였는지를 보며 AI 인간학의 방향성 고찰한다.

3장("AI 시대, 인간과 기술의 관계")에서는 돈 아이디가 주장한 인간과 기술의 관계에 관한 세 가지 유형을 바탕으로 AI 시대에 나타나고 있는 새로운 관계 유형을 정리한다.

4장("AI와 디지털 휴머니즘")에서는 기술에 관한 반성적 물음에 필요성을 토대로 최근 주목받고 있는 디지털 휴먼을 반성적으로 성찰할 필요성을 제기한다. 나아가 디지털 휴먼의 인간 유사적 특성에 따라 인간 본질을 다시 규정하기 위한 디지털 휴머니즘의 중요성을 어필한다.

5장("AI 기술에 관한 인간학적 물음")에서는 AI나 디지털 휴먼과 같은 기술로 인하여 인간의 기술화와 기술의 인간화가 심화됨에 따라 요구되는 AI 기술에 관한 주된 인간학적 물음을 안내한다.

6장("AI와 포스트휴먼")에서는 AI 기술 사회가 가속화되면서 다시 떠오르고 있는 포스트휴먼 담론에 관해 새로운 관점으로 제시한다.

7장("포스트휴먼 시대의 윤리적 대응")에서는 포스트휴먼 시대에 나타날 수 있는 인간의 정체성에 관한 혼란을 예상하고, 이를 안정적으로 관리하기 위한 윤리적인 대응 방안을 알아본다.

8장("디지털 휴먼의 존재론적 전회")에서는 단순히 기술로서 바라볼 수 없는 디지털 휴먼의 특성을 생각하며 객체지향 존재론에 기반하여 디지털 휴먼의 존재론적 전회 가능성을 논의한다.

9장("디지털 휴먼의 인간학적 전회")에서는 디지털 휴먼과 함께 급부상한 인공지능, 메타버스를 포함하여 이

세 가지 기술이 현실 세계와 가상 세계를 어떻게 융합하고 있는지 파악한다.

10장("AI 시민을 위한 디지털 휴머니즘")에서는 AI 사회를 살아가는 AI 시민이 스스로 인간으로서의 본질을 규명해 나갈 수 있도록 필요한 인간학인 디지털 휴머니즘의 개념과 성격을 안내한다.

이 책을 읽고 나면 포스트휴머니즘이나 디지털 휴머니즘과 같은 현대 인간학에 관한 단편적인 이해를 넘어 근대 인간학으로부터 이어지는 인간 본질에 관한 고민을 깊이 살펴볼 수 있을 것이다. 이로써 AI 사회를 살아가며 인간 본질에 관한 혼란을 겪고 있는 누군가가 답을 찾아가는 과정에서 조금이나마 도움이 될 수 있기를 바란다.

참고문헌

김보영(2018). 라메트리의 『인간기계』와 유물론의 부활. ≪청람사학≫, 27, 261-306쪽.

김세희(2018). 프랑스 르네상스 인문주의에 대한 재고찰: 라블레의 '가르강튀아'를 중심으로. ≪교육사상연구≫, 32(3), 1-24쪽.

김은수·변순용(2015). 교실 공간의 인간학적·도덕교육적 의미 탐구. ≪윤리교육연구≫, 36, 153-169쪽.

박평종(2019). '생각기계'의 유물론적 토대. ≪프랑스학연구≫, 89, 53-75쪽.

변순용(2011b). 현대 주거 공간으로서의 아파트의 인간학적 의미에 대한 연구. ≪환경철학≫, 11, 113-132쪽.
변순용(2017). 인간, 기술 그리고 건축: 인공지능로봇기술의 변화와 건축서비스산업. ≪환경철학≫, 24, 77-93쪽.
서동욱(2011). 『철학연습: 서동욱의 현대철학 에세이』. 서울: 반비.
성염(2001). 피코 델라 미란돌라의 인간학과 르네상스적 배경. ≪중세철학≫, 7, 33-66쪽.
신승환(2020). 『포스트휴머니즘의 유래와 도래』. 서울: 서강대학교출판부.
안재원(2009). 키케로(Cicero, 기원전 106년~43년)의 인문학(humanitas)에 대하여. ≪인문학연구≫, 15, 143-174쪽.
여인석(2009). 라메트리의 인간기계론과 뇌의 문제. ≪의철학연구≫, 7, 81-98쪽.
여인석(2014). 기계론에서 행복론으로 - 라메트리의 기계론과 생명, 죽음, 그리고 행복. ≪의철학연구≫, 18, 33-51쪽.
이병태(2021). 라 메트리의 유물론, 그리고 그 너머: 「인간기계론」을 중심으로. ≪인문과학≫, 122, 165-198쪽.
이서규(2002). 하이데거에서의 인간과 기술의 관계에 대한 고찰. ≪철학논총≫, 29, 295-310쪽.
이서규(2017). 하이데거의 휴머니즘비판에 대한 고찰. ≪범한철학≫, 86, 263-298쪽.
이순성(2023). 휴머니즘은 여전히 유효한가? 휴머니즘, 안티휴머니즘, 포스트휴머니즘에 관한 소고. ≪생명연구≫, 67, 1-25쪽.
이영기(2016). 계몽주의의 인간학적 서사모델. ≪독일문학≫, 138, 5-24쪽.
임병철(2009). 르네상스 휴머니즘, 과거와 현재의 교차로. ≪한국사학사학보≫, 19, 169-198쪽.
조영란(1991). 라메트리의 「인간기계론」에 나타난 심신이론과

18세기 생물학. ≪한국과학사학회지≫, 13(2), 139-154쪽.
조창오(2021). 카프의 기술철학의 동기. ≪철학연구≫, 159, 287-314쪽.
진교훈(2015). 『철학적 인간학입문(Ⅰ)』. 중판. 서울: 경문사.
최진석(2015). 휴머니즘의 경계를 넘어서. ≪비교문화연구≫, 41, 381-413쪽.
한기철(2016). 인문주의의 형성과 전개: 고전적 맥락을 중심으로. ≪도덕교육연구≫, 28(3), 163-196쪽.
한상열(2022). 메타버스 新인류, 디지털 휴먼. (IS-135). 소프트웨어정책연구소. https://spri.kr/posts/view/23372?code=data_all&study_type=&board_type=issue_reports
허경(2008). 미셸 푸코의 '사물'에 나타난 '근대 인간과학'의 개념. ≪인문언어≫, 10, 327-342쪽.
홍길표(2004). 근대인간의 자기주제화 - 괴테의 『파우스트』와 인간중심주의. ≪괴테연구≫, 16, 27-51쪽.
황상익(1993). 생기론과 기계론: 17, 8 세기적 함의: 17, 8 세기적 함의. ≪의사학≫, 2(2), 99-113쪽.
Bullock, A.(1985). *Humanist tradition in the west.* New York : Norton. 홍동선 역(1989). 『서양의 휴머니즘 전통』. 서울: 범양사.
Hillier, B. (1996). *Space is the machine: A configurational theory of architecture.* UK: Cambridge University Press.
Niethammer, F. I. (1808). *Der streit des philanthropinismus und humanismus in der theorie des erziehungs-Unterrichts unsrer zeit.* Jena: Frommann.
Nordmann, A.(2008). T*echnikphilosophie zur Einführung.* Hamburg: Junius. 조창오 역(2021). 『기술철학 입문』. 경기: 서광사.

Scheler, M.(1966). *Die Stellung des Menschen im Kosmos.* Bern: Francke. 최재희 역(1976). 『인간의 지위』. 서울: 박영사.

01
AI 인간학을 위한 근대 인간학 이해: 르네상스 휴머니즘

부르크하르트가 세운 르네상스의 휴머니즘적 정체성은 르네상스 시기를 근대 휴머니즘의 발생적 기원으로 바라보게 했다. 이로써 르네상스 휴머니즘은 역사학으로서 자리매김한 르네상스학과 함께 인간 존재의 진보와 해방을 낳은 지적 '계몽'의 요람으로 해석되기 시작했다.

다시 인간으로, 르네상스 휴머니즘

19세기에 르네상스 휴머니즘의 아버지라고 불리는 독일의 역사학자 포크트(Georg Voigt)는 '후마니스무스(humanismus)'를 저서 『고전 고대의 부활 또는 후마니스무스의 1세기(Wiederbelebung des classischen Altertums oder das erste Jahrhundert des Humanismus)』에서 역사학적 개념으로 전환하여 사용했다(한기철, 2016, p.5). 곧이어 그는 이탈리아에서 14세기에 발흥한 고전 연구의 부활 운동을 가리켜 '르네상스 휴머니즘'이라 불렀는데, 이후 휴머니즘은 르네상스 시대를 탐구하는 용례로 드러나게 되었다(한기철, 2016, p.5). 그리고 동시대에 르네상스 휴머니즘을 현재의 통념처럼 세상에 널리 알린 인물은 스위스의 역사학자인 야코프 부르크하르트(Jacob Burckhardt)였다(이순성, 2023). 부르크하르트 이전에는 르네상스를 역사적으로 중세와 근대 사이의 교량 정도로 평가하였다(최진석, 2015, p.8). 그런데 부르크하르트가 1860년에 출판한 『이탈리아의 르네상스 문화』라는 저서에서 르네상스를 두 시기 사이에 시대사적으로 유의미한 위치로 전환하고, 당시의 문예부흥 운동의 정신을 휴머니즘과 연관시켰다(Nauert, 2003). 이렇게 부르크하르트가 세운 르네상스의 휴머니즘적 정체성은 르네상스 시기를 근대 휴머니즘의 발생적 기원으로 바라보게 했다. 이로써 르네상스 휴머니즘은 역사학으로서 자리매김한 르네상스학과 함께 "인간 존재의 진보와 해방을 낳은 지적 '계몽'의 요람으로 해석"(임병철, 2020, p.15)되기 시작했다. 포크트와 부르크하르트의 전통은 에른스트 카시러(Ernst Cassirer)의 『르네상스 철학에서의 개체와 우주』에서 고전 학문과 개인주의의 부활이라는 하나의 가지로 종합되었다.

그러나 학문적 견해가 확장되면서 20세기에 이르러 르네상스 휴머니즘은 인식적 차이에 따라 여러 경향으로 분류되었다(임병철, 2009; 진원숙, 1993). 한 갈래는 르네상스 휴머니즘을 계몽주의의 원류로서의 인간 철학적 사상(thought)으로 보는 것이다. 또 다른 갈래는 르네상스 휴머니즘을 그리스와 로마의 고전을 기초로 하는 문학 · 교육 · 정치 · 사회 운동(movement)으로 보는 것이다. 이때 본 연구의 배경으로서 르네상스 휴머니즘에서 견지되고 있는 인간 존재의 성격을 파악하기 위해서는 전자의 논의를 탐구해 볼 필요가 있다. 이를 대표하는 역사가는 바로 20세기 이탈리아의 크로체(Benedetto Croce)나 젠틸레(Giovanni Gentile)로부터 지적 전통을 승계한 가린(Eugenio Garin)이다. 휴머니즘에 대한 인간학적 이해를 보이는 가린은 고대에 대한 르네상스 휴머니스트(humanist)들의 노력이 "자율적이고 존엄한 새로운 인간상을 구현한 인간 철학"으로 발전했다고 주장한다(임병철, 2009; 2020). 그렇기에 르네상스 시대의 인간은 개인의 잠재성과 창의성을 토대로 탁월함에 도달하고자 각 분야에서 각자만의 능력과 개성을 발휘하는 존재로 묘사된다(이순성, 2023).

존엄한 존재로서의 인간

이러한 인간 이해의 배경에는 르네상스 인간관의 제일 주된 특징인 '존엄(dignity)'한 존재로서의 인간성이 전제된다(진원숙, 1994). 인간 존엄관은 고대와 중세에서 완전히 거부된 사항이 아니었음에도 르네상스의 인간 존엄관은 고전으로부터의 발전적 계승을 빌미로 특수한 위치에 올라설 수 있었다. 르네상스 인간 존엄관의 기점처럼 여겨지는 페트라르카(Francesco Petrarca)의 인간관은 '애증적(愛憎的) 인간관'으로 칭해지는데, 페트라르카가 인간을 비참한 존재이면서 동시에 존엄한 존재로 비추고 있기 때문으로 보인다(진원숙, 1993, pp.83-84). 페트라르카가 보기에 인간은 육체만 보면 비천하고도 악의적인 동물에 불과하다. 그래서 페트라르카는 당대의 여러 문제가 인간의 불결한 수성(獸性)에서 기원한 도덕적 타락으로부터 기인한다고 생각했다. 그렇지만 페트라르카는 앙모(仰慕)하는 신을 모본(模本)해 가는 여정에서 덕을 함양하도록 돕는 정신을 인간이 갖고 있고, 신의 모사로서의 형상을 갖고 창조된 인간이 동물과 비교되는 우월성을 지니고 있기도 하다고 여겼다. 결과적으로 페트라르카는 인간의 '존엄'과 '자유'를 르네상스 역사에 투영시키게 되었다(성염, 2001, pp.37-38). 또한 페트라르카를 자신의 이후 휴머니스트에게로 이어준(Witt, 1983) 살루타티(Coluccio Salutati)는 이성과 의지의 자유는 인간의 창조성에서 기반이 되며, 인간의 도덕적 선함에서 풍기는 탁월함이 인간의 육체적 한계를 극복하게 하는 우월성이라고 보았다. 페트라르카와 살루타티의 주장에 따를 때 인간은 육체의 한계라는 실존적 문제를 안고 있으나, 이를 창발적으로 타개할 수 있는 자유로운 이성과 의지라는 탁월한 정신을 갖고 있을 정도로 존엄하다. 그리고 그 탁월한 정신은 주로 도덕성으로 현출(現出)한다.

페트라르카, 살루타티와 같은 인간관은 비참한 인간의 실루엣이 잔재한다는 점에서 한계를 갖고 있다고 인식된다. 그러나 르네상스 당시 모든 이들이 페트라르카적 인간관을 내세우지는 않았는데, 특히 마네티(Giannozzo Manetti)가 긍정적이고 낙관적인 인간관으로의 전환에 크게 기여한 것으로 알려진다. 애당초 마네티의 저작 중 유일한 인쇄본이자 제일 저명한 작품인 『인간의 존엄성과 탁월함(De dignitate et excellentia hominis)』은 교황 인노켄티우스(Innocentius) 3세의 『인간 상태의 비참함에 대하여(De Miseria Humane Conditionis)』에 드러난 부정적이고 비관적인 인간관을 반박하기 위해 저술된 것이었다(임병철, 2021; 진원숙, 1993). 마네티는 영별히 인노켄티우스의 비관적 인간론에서 제시되는 인간성의 문제에 집중하여 다음처럼 논박한다(진원숙, 1993, pp.109-116). 첫 번째로 변호한 인간의 문제는 육체의 허약성이었는데, 오히려 마네티는 인간의 육체를 다른 존재에 비하여 미적으로 생물적으로 생리적으로 격이 다르게 훌륭하고 우월하고 탁월하게 보았다. 이 같은 육체에 관한 마네티의 예찬적 시각은 무엇보다 당대의 낙관적 인간관과는 유난히 구별된다는 점에서 두드러진다(임병철, 2021, p.10). 두 번째로 비호한 인간의 문제는 영혼의 천박성이었는데, 이에 대하여 마네티는 영혼 불멸론으로서 반박한다. 마네티는 인간을 육체와 영혼이 결합한 존재로 파악하는데, 그중 영혼은 육체에 잠시 거하다 사후에 본래 거처인 창공으로 회귀하는 불멸의 실체기에 천박하지 않다고 생각한 것이다. 결론적으로 마네티로부터 회복된 인간의 육체와 영혼이 인간을 신 이외의 세상 온 존재를 다스리는 지배자이자 신 다음의 창조자인 '존엄'한 존재로 만들었다.

자유로운 존재로서의 인간

선명한 마네티의 인간 존엄관은 마르실리오 피치노(Marsilio Ficino)와 피코 델라 미란돌라(Giovanni Pico della Mirandola)에 이르러 한층 성숙해진다(진원숙, 1993, p.82). 먼저 "부활한 플라톤"(엔노 루돌프, 2002, p.284)이라 불렸던 피치노는 플라톤의 전 저작과 플로티누스 같은 플라톤주의자들의 주요 그리스 원전을 라틴어로 완역하고 풀어 서방에 제공한 대표적이고 전형적인 신플라톤주의자로 알려져 있다. 신플라톤주의에 철저히 기인하여 르네상스 휴머니즘의 요소를 도출한 피치노의 인간관의 제일가는 특징은 인간을 '매개적이고 이성적인' 존재로 착안한다는 것이었다. 피치노는 우주를 물질세계와 정신세계로 구성된 살아 있는 생명체처럼 여겼고, 또한 우주가 "'육체(corpus)', '성질(qualitas)', '이성적 영혼(rationalis anima)', '천사적 정신(angelica mens)', '신적 태양(sol divinus)'의 다섯 가지 '실체(substantia)'"(서영식, 2013, p11)로 이루어진다고 생각했다. 그리고 그 안에서 바로 '이성적 영혼'이 우주의 중심에 속하여 나머지 실체를 매개하는 역할을 한다고 보았다. 나아가 우주의 전 요소를 포함하고 있는 소우주(microcosmos)인 인간은 물질세계와 정신세계 사이에서 양자적 성격을 모두 보유하고 있는 "우주의 이음새"(서영식, 2013, p.12)인 이성적 영혼을 상하위의 온존재와 공유하며 우주 계층구조 내의 "중간자"(조규홍, 2007, p.7)자 매개자가 된다고 생각했다. 인용문은 이러한 피치노의 이성적 영혼과 인간의 매개적 지위를 직접적으로 드러낸다. "이것이(영혼) 자연의 모든 기적 중 가장 위대한 기적입니다. 하나님 아래의 다른 모든 것들은 항상 하나의 존재이지만, 영혼은 모든 것이 함께 있는 것입니다. … 그러므로 그것은 자연의 중심, 만물의 중간항, 세계의 연속, 만물의 얼굴, 우주의 결속이자 접속점이라 부를 만하다(Kristeller, 1961, p.128에서 재인용)".

비로소 우주 계층구조에서 특권적이고 명예로운 자리에 위치하게 된 인간의 존엄성은 창조적 존재라는 실천적 의미로 해석되기 시작한다(서영식, 2013). 피치노가 볼 때 인간은 동물과 신의 경지로의 경향성을 동반 소유하고 있는데, 이성과 이성에 기초한 명상을 통하여 신에게로 가까워질 수 있다(진원숙, 1993). 그로부터 인간은 온 우주의 창조자인 신의 정신을 빼닮은 존재로서 여타의 동물과는 다르게 하위 존재의 창조자가 된다. 인간의 기술적 탁월성이 가능케 한 인간의 창조성은 신의 모습에 한 단계 더 근사하게 보이도록 하여 인간 존엄성의 근거를 두텁게 만든다.

한편 피치노의 제자였던 피코는 그의 연설문 『인간 존엄성에 관한 연설』의 초반부에서 인간을 "피조물들의 중간자여서 상위 존재들과 친숙하고 하위 존재자들의 왕자"(성염, 1996, p.225)라고 지칭한다. 그만큼 피코는 피치노의 계층 구조적 우주관과 그에 따른 매개적 인간 존재론을 계승했다고도 분석될 정도로(Kristeller, 1961, p.155) 피치노의 인간관에 영향을 받았는데 거기에 머무르지 않고 자신만의 인간관을 발전시켜 나간다. 초기에 피코는 인간이 우주의 중심부에 있으므로 선택 여하에 따라 어떠한 존재라도 될 수 있다고 간주했고, 이는 곧 인간에게 '자유'가 허락됨을 의미했다. 그러나 이후 피코는 그의 작품 『Heptaplus: 창세기의 6일에 대한 일곱 가지 해석(Heptaplus: della settemplice interpretazione dei sei giorni della Genesi)』에서 인간을 우주 계층구조의 외부로 이탈시켜 어떠한 본질도 결정된 바 없는 인간의 성격을 강하게 주장한다. 즉, 피치노의 인간이 우주 계층구조의 복판에서 모든 성질을 소유한 존재로 설정되었다면, 피코의 인간은 우주 계층구조의 바깥에서 어떠한 성질도 보유하지 않은 존재로 변화된 것이다. 그렇다고 해서 피코가 모든 존재론적 지위의 선택지에 동등한 가치를 부여한 것이 아니었다. 그는 식물이나 동물과 같은 하위의 존재적 삶이 아닌 천사와 같은 상위의 존재적 삶을 최상의 목적지로 지향해야 할 것을 권고하였다(임병철, 2017). 거기로 인간을 견인하기 위하여 요구되는 방법론이 이성의 적극적 활용 방편인 도덕철학, 자연철학 등의 '철학'이었다. 요약하자면 피코의 인간관은 "자유의지"적(진원숙, 1993, p.86)이자 "주지주의적"(임병철, 2017, p.18)인 인간관이라 할 수 있다.

참고문헌

서영식(2013). 마르실리오 피치노의 인간관과 세계이해. ≪철학논총≫, 74(4), 345-365쪽.

성염(1996). 요한 피코 델라 미란돌라, 『인간 존엄성에 관한 연설』, ≪중세철학≫, 2, 224-274쪽.

성염(2001). 피코 델라 미란돌라의 인간학과 르네상스적 배경. ≪중세철학≫, 7, 33-66쪽.

엔노 루돌프(2002). 인본주의적 문화혁명 – 마르시리오 피치노(Marsilio Ficino). ≪철학논총≫, 27(1), 283–290쪽.
이순성(2023). 휴머니즘은 여전히 유효한가? 휴머니즘, 안티휴머니즘, 포스트휴머니즘에 관한 소고. ≪생명연구≫, 67, 1–25쪽.
임병철(2009). 르네상스 휴머니즘, 과거와 현재의 교차로. ≪한국사학사학보≫, 19, 169–198쪽.
임병철(2017). 피코의『인간 존엄성에 관한 연설』다시 읽기. ≪프랑스사 연구≫, 37, 5–32쪽.
임병철(2020). 고대인들의 발자취를 따라서: 르네상스 휴머니즘과 휴머니스트 세계관. ≪청람사학≫, 32, 7–44쪽.
임병철(2021). 육체, 현세, 그리고 문명: 마네티와 르네상스의 세속적 인간관. ≪청람사학≫, 34, 91–137쪽.
조규홍(2007). 르네상스 시기의 철학자 피치노(1433–1499)의 '인간관' 연구–그의 '사랑(amor)' 개념을 중심으로–. ≪중세철학≫, 13, 323–365쪽.
진원숙(1993). 르네상스 휴머니스트의 낙관적 인간관: 마네티의 De Dignitate et excellentia hominis를 중심으로. ≪서양사론≫, 41, 77–119쪽.
진원숙(1994). 피치노와 피코의 인간 존엄관. ≪대구사학≫, 48, 109–146쪽.
최진석(2015). 휴머니즘의 경계를 넘어서. ≪비교문화연구≫, 41, 381–413쪽.
한기철(2016). 인문주의의 형성과 전개: 고전적 맥락을 중심으로. ≪도덕교육연구≫, 28(3), 163–196쪽.
Kristeller, P. O.(1961). The platonic academy of florence. *Renaissance news*, 14(3), pp.147–159.
Nauert, C. G.(1995). *Humanism and the culture of renaissance europe*. New York: Cambridge University Press. 진원숙

역(2003). 『휴머니즘과 르네상스 유럽문화』. 서울: 혜안.
Witt, R. G.(1983). *Hercules at the crossroads: The life, works and thought of coluccio salutati.* NC: Duke Universe Press.

02
AI 인간학을 위한 근대 인간학 이해: 계몽주의 휴머니즘

계몽주의의 인간학은 각자의 학문적 관심으로부터 출발하여 인간에 관한 눈길로 연계되기 때문에 다양한 시각에서 이전에는 없었던 여러 근거로부터 인간을 해체하고 종합하기 시작했다.

계몽주의, 인간에 관한 다양한 시각

계몽주의(Enlightenment)의 새순이 르네상스로부터 돋아났다고 회자(膾炙)될 만큼 르네상스가 변혁한 인간의 새로운 정체성은 계몽주의의 사상에 적잖은 영향을 끼쳤다고 사료할 수 있다(인성기, 2000). 계몽주의는 "17, 18세기 유럽에서 일어난 여러 상이한 사회적, 정치적, 문화적, 종교적 그리고 철학적 운동의 주된 흐름"(이엽, 2004, p.2)을 지칭한다. 수많은 학문 분야로 확장된 "유럽의 계몽주의의 상이한 전개"를 두고 "지역적 구분의 필요성"을 설파한 이엽(2004, pp.5-7)은 프랑스, 영국, 독일의 계몽주의가 국가별로 서로 다른 토대 위에서 발생했기 때문이라며 다음의 배경을 제시한다. 이엽이 판단하기에 국가별로 계몽주의자들은 첫째로 사회적 신분이 달랐으며, 둘째로 정치적 바탕이 달랐으며, 셋째로 역사적 경험이 달랐으며, 넷째로 종교적 상황이 달랐으며, 마지막으로 철학적 전통이 달랐다.

이처럼 당시 유럽을 휘어잡았던 계몽주의는 논의의 확장성과 광범위성을 고려할 때 하나의 신념 체계로 범주화하고 정립하기는 난해하다(김보영, 2018; 백훈승, 2008). 이는 계몽주의가 파악하고 있는 인간 존재에 관한 견해가 합의되지 않았을뿐더러 오히려 상반된 입지를 관철하기도 함을 나타낸다. 이러한 모습은 비참하고 수동적이기만 한 존재였던 인간에게 존엄성과 낙관성이라는 새로운 지위를 부여하고자 달려들었던 르네상스 시기의 페트라르카(Francesco Petrarca), 마네티(Giannozzo Manetti), 피치노(Marsilio Ficino), 피코(Giovanni Pico della Mirandola) 등의 적극적인 동시에 직접적인 인간학적 담론에 비하면 분명하게 상이한 양상이다. 그 대신 계몽주의의 인간학은 각자의 학문적 관심으로부터 출발하여 인간에 관한 눈길로 연계되기 때문에 다양한 시각에서 이전에는 없었던 여러 근거로부터 인간을 해체하고 종합하기 시작했다.

인간 이성에 관한 확신

그렇지만 수많은 다발로 뻗어 가는 계몽주의 속에서도 학자들이 공유하고 있는 계몽주의 인간관 나름의 공통적 특질이 포착되곤 한다. 우선 계몽주의의 곁가지들이 기원하고 있는 뿌리에는 인간의 '이성'에 관한 확신이 박혀 있다. 그들이 말하는 '계몽'의 바탕이 되는 신념은 인간의 이성으로부터 축적된 지식을 통하여 인간 역사의 진일보를 이룩할 수 있다는 것이었다(민병원, 2018, p.153). 다시 말하여 인간 역사가 신앙과 같은 것에 의하여 피동적으로 인도되기보다 인간의 이성을 토대로 하는 합리성에 의하여 쟁취되고 획득되기를 바라는 것이다(백훈승, 2008, p.170). 전에 보았듯 르네상스 휴머니즘에서도 이성은 인간을 우주의 중재자로 만들 만큼 자명하게 특수한 역할로 활약했다. 그러나 르네상스 휴머니즘에서 발견되는 인간의 이성은 신으로부터 받은 것이거나 신에게로 나아가는 것으로서 아직 중세의 전통으로부터 완전히 해방되지 않았다. 그래서 르네상스 휴머니즘의 인간 이성은 종교적 관습을 공고히 유지하도록 지원했다. 이와는 달리 계몽주의 아래 발견되는 인간의 이성은 오히려 구습으로부터의 분리를 추구하는 사유적 반동 작용이었다. 그러한 관점에서 인간 이성은 "전통적인 생각에서 벗어나 기존의 사상, 사회 제도, 도덕, 문화, 종교 등을 비판적으로 검토하고 새로운 질서를 확립"(이엽, 2004, p.3)하려는 계몽주의 기획의 개시점(開始點)으로 여겨진다. 마침내 신적 이성에서 인간적 이성으로의 전환 작업이 고무적으로 이루어지자 계몽주의 속 인간은 더는 어딘가에 접합되어야만 하는 의존자로 남지 않고 홀로 설 수 있는 독립자가 되었다. 이로써 그간 조직에 속하여 외적 권위의 통제 대상으로 제한되었던 인간은 자유로운 개인이자 자율적인 주체로 형성되게 된 것이다.

그 같은 인간의 이면은 계몽된 시대는 아니더라도 계몽주의 시대에 살고 있다고 대답한 칸트(Immanuel Kant)(1784)의 논의로부터 극명히 파악된다. 데카르트(Descartes)가 신에게서 독립시킨 인간 주체가 영국 경험론자 데이비드 흄(David Hume)에 의하여 '지각의 다발'로 전락하던 시기에 칸트는 인간 주체를 재설정하고자 나선다(이진경, 2020, p.141). 칸트는 주체로서의 인간을 전면에 내세우고 『순수이성비판』에서 '인간은 무엇을 알 수 있는가?', '인간은 무엇을 할 수 있는가?', '인간은 무엇을 바랄 수 있는가?'의 세 가지 인간학적 물음을 던진다(Kant, 1911). 여기에 더하여 칸트는 세 가지 물음이 결국 '인간이란 무엇인가?'의 물음으로 관계한다고 이야기하며, 네 물음에 대하여 '이성 비판' 작업을 통해 논리적이고 체계적으로 답하기에 이른다. 결론에 다다르자 결국 주체로서의 인간은 진리에 관하여 인식할 수 있는 존재로 규정되고, "자유로운 비판"이 가능하며 "자율성의 외로움"을 받아들일 수 있는 존재로 인식된다(Gay, 1998, p.22). 볼프(Christian Wolff)는 한발 더 나아가 강요로 이끌림 당하지 않고 외적 권위로부터 자유롭기 위하여 이성적으로 행동하는 실천적인 맥락에서의 이성적 인간 주체를 상정하기도 했다(Wolff, 1720).

인간중심주의로의 이행

덧붙여 인간의 존엄성이 보장되는 근거가 종교로부터 제공되지 않게 되면서 이를 이성의 '보편성(universality)'으로 해결하기 시작하였다. 특히나 독일 계몽주의의 이성관에서 "보편적 인간 이성(allgemeine Menschen- vernunft)"(이엽, 2004, p.8)의 개념은 이를 적절히 보여 준다. 이엽(2004, p.8-9)은 '보편적 인간 이성'의 두 요소를 다음과 같이 논한다. 첫 번째 요소는 '보편적'이라는 관형사에서 도출되는 것으로, 이성이 "몇몇 적은 사람의 특권이 결코 아니라 어떤 학파, 종교, 신분, 정당, 신념 체계에 속하든 상관없이 모든 사람에게 주어져"(이엽, 2004, p.8) 있음을 의미한다. 즉, 인간이라면 누구나 자신의 몫에 해당하는 이성을 보유하고 있다는 것이다. 두 번째 요소는 '인간'에서 파악되는 것으로, 이성이 "완전하고 온전한 진리를 확실하게 소유하고 있는 절대적인 신적(神的) 이성이 아니라, 언제까지나 다만 '인간적'인, 즉 유한한 이성"(이엽, 2004, p.9)임을 뜻한다. 곧, 인간의 이성은 아무리 탁월하다 하더라도 저마다의 한계를 가지고 있다는 것이다. 이러한 인간 이성의 보편성과 유한성은 신의 무한성에 의지하지 않으면서도 모든 인간에게 통용될 수 있는 존엄성을 인식하는 계기의 일부로 작용하였다.

한편 공석이 되어버린 신의 보좌를 인간은 가만히 내버려두지 않고 꿰차 앉고자 역사를 진취적으로 건설하기 시작했다. 한없이 긍정하고 낙관하던 우주 계층구조의 위치적 중심이었던 지난날을 수치스럽고 불명예스러운 일로 여기며 우주의 역사 구조의 최상부에 자리하기를 고대했다. 뒤이어 인간의 입지는 실제로 변하였고, 근대의 질서는 '인간중심주의(anthrocentrism)'로 나아가게 되었다. 인간중심주의가 옳은가 그른가에 관한 가치 시비의 여하를 막론하고 인간은 이제 압도적인 지위에 올라 피조물에서 신이 아닌 창조자로서 역할을 변경하였다. 계몽주의 휴머니즘 안에서 비로소 인간은 어디에도 종속되지 않을 수 있었지만, 한편으로는 자신의 지위를 비(非)인간에게 양도하였다. 그동안의 인간은 온갖 우주 만물의 하나에 불과하였으나, 이제는 인간과 인간-아님으로 우주 만물을 가르는 하나뿐인 기준이 되었다.

비록 계몽주의 사상가들이 생각하는 인간관의 모든 이념이 그렇지 않은 것도 사실일 것이다. 그러나 적어도 계몽주의의 핵심적인 특징으로서 대변되는 '인간적 이성'의 등장으로부터 펼쳐진 계몽주의 휴머니즘의 인간관이기에 근대 사회 저변에 그러한 인간 이해가 깔려 있음도 부인할 수만은 없을 것이다.

참고문헌

김보영(2018). 라메트리의 『인간기계』와 유물론의 부활. ≪청람사학≫, 27, 261-306쪽.

민병원(2018). 포스트 휴머니즘과 인공지능의 국제정치: 계몽주의와 인간중심주의를 넘어서. ≪한국정치학회보≫, 52(1), 147-169쪽.

백훈승(2008). 계몽주의와 낭만주의의 종합자 헤겔. ≪범한철학≫, 48, 167-189쪽.

이엽(2004). 독일 계몽주의의 보편적 인간 이성의 이념과 그 전개. ≪철학논총≫, 36(2), 359-376쪽.

이진경(2020). 『철학과 굴뚝청소부』. 제3개정증보판. 서울: 그린비출판사.

인성기(2000). 유럽 계몽주의와 독일 낭만주의. ≪독일언어문학≫, 13, 213-239쪽.

Gay, P.(1966). *The Enlightenment : an interpretation*. New York: Knopf. 주명철 역(1998). 『계몽주의의 기원』. 서울: 민음사.

Kant, I.(1784). What is enlightenment? *Orig.: Beantwortung der Frage: Was ist Aufklärung. Berlinische Monatszeitschrift*, VI, pp.481-494.

Kant, I.(1911). *Kritik der reinen Vernunft, Kant's gesammelte Schriften*, Bd. III, hrsg. Berlin: Königlich Preu ßischen Akademie der Wissenschaften.

Wolff, C.(1720). *Vernünftige Gedancken von der Menschen Thun und Lassen.* Halle.

03
AI 시대, 인간과 기술의 관계

기술의 복잡성 증가에 따른 해석학적 관계나 기술의 일상화 증폭에 따른 배경 관계라는 특성의 발현이 심화함에 따라 또 다른 관계 특성이 수면 위로 드러나게 되었다. 이는 '흐려진 경계' 관계로 인간의 기술화와 기술의 인간화 또는 인간의 비인간화와 비인간의 인간화로 인하여 인간과 기술 또는 인간과 비인간의 경계가 모호해지는 상태를 의미한다.

호모 파베르로서의 인간

비고정적이고 가변적인 미래를 각자의 고정불변의 유토피아적 환상에 따라 뜻대로 관리하기 위하여 인간은 무수한 계획을 세우고 이를 이루기 위한 작업을 끝없이 펼쳐나간다. 호모 파베르(homo faber)로서 본능을 발휘하는 인간은 그러한 작업의 일환 중 하나로 목적 성취를 위하여 어떠한 도구를 활용할지 연구하고, 그에 맞는 도구를 제작하여 실행에 옮긴다. 미르코 파리나(Mirko Farina)와 안드레아 라바차(Andrea Lavazza)는 “도구를 제작하고 능동적으로 도구를 활용하는 능력을 기준으로 인간을 정의하는 오랜 전통”으로서 ‘호모 파베르’가 어떻게 논의되었는지를 분석하고 있다(Farina & Lavazza, 2022, p.507). 그들에 따르면 로마 공화국의 정치가자 작가인 아피우스 클라우디우스 카에쿠스(Appius Cladius Caecus)가 작성한 “Homo faber suae quisque fortunae”라는 문구는 이미 기원전부터 인간이 “도구와 기술을 활용하여 자신의 운명과 환경을 통제”할 수 있는 주체로 여겨졌음을 암시한다. 이후 르네상스에서의 재발견 과정을 거치며 호모 파베르에 관한 논의는 19세기 후반부터 기술 철학 사조와 함께 확장된다. 예를 들어 앙리 베르그송(Henri Bergson)은 “(인간의) 지능"을 "인공적인 물체, 특히 도구를 만드는 도구를 창조하고, 그 제작물을 무한정 변화시키는 능력"으로 정의한다(Farina & Lavazza, 2022, p.507에서 재인용). 나아가 해나 아렌트(Hannah Arendt)나 움베르토 에코(Umberto Eco)의 경우에는 호모 파베르라는 개념 자체를 가치중립적이지 않은 개념으로 판단하기도 한다. 이처럼 호모 파베르로서 인간의 본능은 인류의 역사와 함께 끊임없는 논의의 대상이 되어 왔으며, 계속해서 재구성되고 있다.

이렇게 인류는 0차 가공 상태였던 원초 시대의 도구로부터 이제는 연마와 같은 1, 2, 3, …, n차 가공 과정을 거쳐 복잡성이 증가한 기계를 제작하기에 이르렀다. 즉, 자연의 역사는 아니더라도 인간의 역사만큼은 제작의 역사와 함께 영위되어 왔으며, 그렇기에 적어도 인간은 도구, 기계, 기술과 불가분의 관계라 하여도 무방할 것이다. 다차원적인 관점과 방식으로 기술이 무엇인지 정의하고 있는 강성화는 20세기 이후로 기술의 개념이 "도구, 기계, 기술 과정, 조직, 방법, 지식 등을 포함하여 광범위한 영역을 언급하는 데 직접적으로 관련(강성화, 1995, p.15)"되어 있으며, 기술이 "인간이 만들어 사용하는 것으로서 도구, 연장, 기계와 같은 단순히 물질적 대상만을 의미하는 것이 아니(강성화, 1995, p.18)"라고 표현한다. 필자는 이러한 포함 관계를 빌려 '기술'을 중심 용어로 서술한다. 여기서 기술은 technique, technic, skill, art, craft, skill보다는 "가장 포괄적인 의미로 쓰이는(강성화, 1995, p.12)" technology로서의 기술이다. 다만, 영어인 technology가 독일어 "technik"나 프랑스어 "technique"처럼 "'기술에 관한 학문'이라는 의미를 잃어버리고 '기술', '기술적 사물'을 의미"한다는 논점도 참고할 필요가 있겠다(조창오, 2021, p.292에서 재인용).

돈 아이디의 인간-기술 관계

한편 이와 같은 '인간-기술 관계(human-technology relations)'에 대하여 기술 철학자 돈 아이디는 현상학적으로 분석하기에 이른다. 아이디는 먼저 에드문트 후설(Edmund Husserl)의 '초월적 현상학(transcendental phenomenology)'과 그에 대응하여 논의된 마르틴 하이데거(Martin Heidegger)의 '실존적 현상학(existential phenomenology)'을 구별하여 그린다(정하정, 2023, p.242).

아이디가 보기에 두 현상학의 가장 큰 차이점은 지향

의 재귀성이다. 즉, 관찰하는 인간이 관찰되는 세계로 지향할 때 그 지향성이 다시 경험된 세계에서 경험하는 인간으로 되돌아오느냐에 따른 것이다(이지용 · 최일규, 2020, p.71). 이를 바탕으로 아이디는 후자에 매개자로서의 기술을 투입하여 자신의 이론을 다음과 같이 정립한다. 그에 따르면 인간과 기술의 매개적 관계성은 세 가지 형태로 나타난다. 첫 번째는 '체현 관계(embodiment relations)'로 기술이 신체의 연장되고 확장된 기능으로 나타나는 경우로 이해할 수 있다. 자동차를 예로 들어 보자. 운전자는 핸들에 손을 맞대고 시트에 기대어 자동차를 주행한다. 이를 통해 자동차는 운전자의 신체적 '확장'으로 실현되며, 자동차와 운전자는 발로만은 불가했던 도로의 노면을 주행하는 경험으로 나아간다.

두 번째는 '해석학적 관계(hermeneutic relations)'로 기술은 해석을 요하고, 인간은 해석을 가하는 관계다. 인간이 세계로 지향하는 과정에서 매개자로서의 기술에 대한 이해가 필수적으로 요청되는 때가 있다. 그러면 기술은 1차로 학습 경험의 대상이 되고, 해석이 완료된 후에야 비로소 기술은 매개자가 되어 세계로의 지향을 돕는다. 자동차의 예시로 가 보자. 같은 운전자라도 덤프트럭이나 대형 버스와 같은 자동차로 도로를 주행하는 경험을 지향하는 데는 어려움이 따른다. 그렇기에 운전자는 덤프트럭이나 대형 버스에 대한 기술적 해석을 선행해야만 한다.

마지막은 '배경 관계(background relations)'로 극단적인 기술 일상화로 인하여 인간이 기술에 대해 의식하기 어려운 상황에 해당한다. 인간을 둘러싼 무수한 배경은 인간에 의해서 의식되지 않으며 존재한다. 공기가 그렇고, 전기가 그렇다. 자동차를 소유한 여러 운전자는 아무렇지 않게 출퇴근 시 자동차를 이용한다. 그리고 주변에서 자동차의 오고 다님을 보며 그 자체를 특별하게 여기지 않는다. 그러나 자동차라는 기술이 처음 등장하였을 때, 이는 하나의 혁명이었고 자동차를 보는 매 순간이 특수했다. 다시 말하면 배경 관계에서의 기술은 인간이 경험하는 세계의 하나로 편입된 것과 같다. 그렇게 기술은 매개자인 동시에 관찰되는 기술-세계가 된다.

흐려진 경계 관계

이상원은 이러한 아이디의 인간-기술의 관계성을 시간적 사유로 끌어온다(이상원, 2021, pp.109-111). 그에 의하면 (물론 세 관계를 시대적으로 완벽히 분절할 수 없고, 지금도 뒤얽혀 나타나지만) 체현 관계는 대체로 전통적인 기술 사회에서, 해석학적 관계와 배경 관계는 새로운 현대 기술 사회에서 주로 나타나는 특성이다. 그런데 기술의 복잡성 증가에 따른 해석학적 관계나 기술의 일상화 증폭에 따른 배경 관계라는 특성의 발현이 심화함에 따라 또 다른 관계 특성이 수면 위로 드러나게 되었다. 이는 '흐려진 경계(blurred boundary)' 관계로 인간의 기술화와 기술의 인간화 또는 인간의 비인간화와 비인간의 인간화로 인하여 인간과 기술 또는 인간과 비인간의 경계가 모호해지는 상태를 의미한다.

예시로 적절한 것은 이제 자동차보다는 그와는 다른 성격을 가진 기술일 것이다. 이를테면 자율 주행 자동차에 탑재될 수 있는 인공지능과 같은 것이다. 인공지능은 합성어 그대로 인간의 지능을 인위적으로 설계하여 제작한 기술이다. 애초에 기술 목적성이 인간 유사성 또는 동일성으로 향한다고 보아야 한다. 하지만 목적성만으로 인간과의 경계를 허물기에는 모자라며, 더해져야 하는 것은 인간 유사성을 충족할 수 있을 만한 충분한 기술력이다. 그런데 21세기에 들어 부흥한 인공지능 시대가 기술력의 부족분을 급속히 보충하고 있다. 그렇다면 목적성과 기술력의 조건을 갖춰 가는 인공지능이 인간의 지능을 닮는다는 게 의미하는 바는 무엇인가? 인간의 지능을 정의하는 것은 무수히 얽힌 연결 고리를 풀어내는 작업이기에 단순하지 않다. 그러나 확실한 것은 인간의 지능이 인간을 자연종 최상의 위계로 등극시킨 최고의 기여자라는 사실이다. 의식적으로든 무의식적으로든 인간은 본인을 독보적인 존재라 여기며 그 덕의 출처로 고등한 지능을 거론해 왔다. 비인간 존재가 인간의 다른 것도 아닌 지능을 모방할 수 있다면 이는 인간에게 크나큰 존재적 혼란을 가져오며, 이로써 인간과 기술의 경계는 한층 모호해진다. 그렇기에 다른 관계와 다르게 흐려진 경계 관계에서는 인간과 기술이 이원론적 관점을 넘어 일원론적 관점으로 사유된다. 인공지능이 제공한 양자 간의 일원론적 사유 가능성은 인간과 기술의 존재론적 비교의 시의성을 요청한다. 나아가 인공지능은 단적인 예기에 인간 유사성을 향하는 기술 집합이 다분화되고 실체화되는 상황도 주목해야 한다.

참고문헌

강성화(1995). 기술철학의 근본 문제. ≪시대와 철학≫, 6(2), 11-30쪽.

이상원(2021). 인간-기술 관계와 기술철학과 과학철학의 의도하지 않은 조우. ≪철학·사상·문화≫, 37, 105-125쪽.

이지용·최일규(2020). 공진화를 위한 기술화된 몸이론의 가능성.

≪아시아문화연구≫, 52, 65-95쪽.

정하정(2023). 패션의 리디자인에 나타난 기술철학의 환경친화적 실천 유형 -돈 아이디의 기술철학 이론 중심으로-. ≪기초조형학연구≫, 24(3), 237-256쪽.

조창오(2021). 카프의 기술철학의 동기. ≪철학연구≫, 159, 287-314쪽.

Farina, M., & Lavazza, A.(2022). *Mind embedded or extended: transhumanist and posthumanist reflections in support of the extended mind thesis.* Synthese, 200(6), 507.

04
AI와 디지털 휴머니즘

기술 사회로부터 야기된 인간학적 과도기에서 기술의 인간화에 관한 표상으로 대표될 수 있는 디지털 휴먼이 단순히 기술적 대상이라는 지위를 극복하여 여타의 휴먼 담론처럼 '디지털 휴머니즘'이라는 인간학적 의미를 어떠한 방식으로 구성할 수 있는지 탐구할 필요가 있다.

기술에 대한 반성의 필요성

기술로부터 인간학적 사유가 도출되는 지점은 그룬발트(Armin Grunwald)와 율리아르트(Yannick Julliard)가 "기술을 반성 개념"(Nordmann, 2008, pp.14-15에서 재인용)으로 착안한 것에서 출발할 수 있다. 철학사에서 기술 철학을 제일 먼저 도입한 에른스트 카프(Ernst Kapp)도 그룬발트와 율리아르트와 배경은 다르더라도 기술을 "철학적 반성의 대상"으로 보고 있다(조창오 2021, p.291). 카프는 "기술적 대상"은 인간의 "무의식적 기관 투사를 통해 제작"되는데, 인간은 "스스로 합목적적 활동을 통해 기술적 대상을 제작한다고 착각"하고 있다고 설명한다(조창오 2021, p.299). 이와 같은 "기술의 은폐성"으로부터 탈은폐하는 작업으로서 철학적 반성이 요구된다고 판단한 것이다.

이는 랭던 위너(Langdon Winner)가 무비판적 테크노토피아와 기술 현상의 단편적 환원으로 인한 "기술적 몽유병"을 치료하기 위하여 기술에 대한 반성을 재촉하는 것과 유사한 맥락이다(조창오, 2021, pp.288-289). 일반적으로 기술을 정의하면서 우리는 드론이나 드론 조종과 같은 기술의 구체적인 사례를 떠올리곤 한다. 그리고 우리는 이 같은 기술에 관한 전이해를 반성하며 표상 자체에서 벗어나 기술과 자신의 관계로 나아간다(Nordmann, 2008, pp.14-15). 그리고 인공지능 시대에 우후죽순 등장하고 있는 기술 철학적인 반성 운동은 어떠한 주제보다 기술과 인간의 관계를 표명하기 위한 물음으로 자주 귀결되는 중이다. 또한 기술과의 관계로 재귀하던 물음은 다시 인간의 존재, 조건, 정체 등의 인간학적 물음으로 전환된다. 바로 이 점이 현대 기술이 난무하는 인공지능 시대의 다양한 기술 표상들로부터 반성을 일으켜 인간성을 재조명하는 본 연구의 시작점이 된다.

디지털 휴먼에 관한 반성적 물음

구체적으로 이번 인간학적 기술 반성 운동의 대표적인 기점이 되는 표상은 '디지털 휴먼(Digital Human)'이다. 현대 기술 사회의 '휴먼' 담론은 대표적으로 '포스트휴먼(posthuman)'에 관한 이해로 수렴하는데, 이들은 포스트휴머니즘(posthumanism)과 같은 사상이나 트랜스휴머니즘(transhumanism)과 같은 운동(movement)의 성격을 가진다(Ferrando, 2019, p.959). 그에 반하여 디지털 휴먼은 반성 운동의 기술적 상(象)이자 경(鏡)으로 역할을 할 수 있을 정도로 기술의 성격이 짙다. 디지털 휴먼은 인공지능, 메타버스, 모션 캡쳐, CG 등의 진일보한 디지털 기술을 바탕으로 "인간의 모습과 언어, 행동을 사실적으로 모사한 3D 인간 모델"로(한상열, 2022) 정의되는 지극히 기술적인 개념이다. 실상 포스트휴먼 개념과는 달리 디지털 휴먼은 현재로서는 기술 그 자체다. 하지만 디지털 휴먼을 단지 기술로만 보는 것은 기술 현상에 관한 단편적인 환원으로 랭던 위너의 생각처럼 '기술적 몽유병'에 빠지는 것과 같다. 디지털 휴먼이 인간과 닮아가기를 원하고 진정 그렇다고 인정할 만한 부분들이 넓어져 가고 있다면, 분명 그들로부터 우리는 다시 인간의 조건, 존재, 정체를 향하여 재귀적이고 반성적인 물음을 던질 필요가 있다.

일단 디지털 휴먼은 인공지능의 발달과 맞물려 1차로 표면적인 외형이 인간과 지나치게 흡사한 상황이다. 형태만 본다면 이미 불쾌한 골짜기(uncanny valley)를 지나 정상에 다다르기 직전이라고 해도 거부감이 없다. 2차로 움직임의 동선이 인간의 것만큼이나 자연스럽고 부드럽다. 마케팅과 같은 산업 분야에서 활동하는 디지털 휴먼 인플루언서가 보여 주는 춤 선은 인간 댄서들과 차이를 실감하기 어렵다. 3차로 생성형 인공지능의 의사소통 능력이 그대로 디지털 휴먼에게 장착되는 만큼 디지털 휴먼의 언어 구사력이 날로 유창해지고 있으며, 생성형 인공지능이 장착된 디지털 휴먼은 웬만한 인간보다 월등한 지식을 전달해 줄 수 있다. 그런 만큼 어떤 이는 인간 존재를 유물론적으로 보고 물질로 환원하는 상황에서 인간과 외형을 비롯하여 소통 방식까지 매우 흡사하고 어떤 면에서는 탁월한 디지털 휴먼이라는 현상에 비교하여 그들이 인간과 다른 것이 무엇인지 묻는 것은 아주 자연스러운 일이다.

디지털 휴먼과 디지털 휴머니즘

이와 같은 인간학의 현상학적인 방법론은 몰트만(Moltmann)이 "인간이 무엇이냐는 문제는 비교 문제"라고 말한 것과 다름없으며, 그렇기에 앞선 물음은 기술철학적 인간학의 하나로서 충분히 기능할 수 있는 것이다(진교훈, 2015, p.21에서 재인용). 진교훈(2015, pp. 21-22)은 인간에 관한 물음이 "다원적"이기에 "확고한 출발점"이 없다고 조명하며, 따라서 "인간학의 방법론은 대개 현상학적인 방법"을 취한다고 설명한다. 그러면서 그는 인간에 관한 현상학적인 물음이 몰트만이 말하는 "비교 문제"와 같다고 보았다. 그리고 인간과 동물을 비교하며 이로부터 "생물학적 인간학"이, 인간과 인간을 비교하며 이로부터 "문화 및 사회적 인간학"이, 인간과

신을 비교하며 이로부터 "종교학적 인간학"이 발생한 것을 예로 들었다. 이를 귀납적으로 연관할 때 인간과 기술을 비교하며 인간에 관한 물음을 던지는 것도 친숙해지며, 이를 기술 철학적 인간학이라 부를 수도 있게 된다.

인공지능과 같은 인간 유사성을 목적으로 하는 현대 기술의 첨단화로 인하여 인간과 기술의 상호 지향성 · 유사성 · 결합성 · 연결성 등이 가속화되면서 기술과의 관계 속에서 인간의 의미를 재구성하는 인간학적 물음이 빗발치고 있다. 다만 포스트휴머니즘이나 트랜스휴머니즘과 같은 물음의 흐름은 대체로 인간의 기술화로부터 촉발하고 있어 인공지능 시대의 기술의 인간화라는 성격도 잘 포괄할 수 있는 휴머니즘이 요구된다. 그러므로 기술 사회로부터 야기된 인간학적 과도기에서 기술의 인간화에 관한 표상으로 대표될 수 있는 디지털 휴먼이 단순히 기술적 대상이라는 지위를 극복하여 여타의 휴먼 담론처럼 '디지털 휴머니즘(Digital Humanism)'이라는 인간학적 의미를 어떠한 방식으로 구성할 수 있는지 탐구할 필요가 있다. 그리고 여기서 말하는 '디지털 휴머니즘'이란 단적으로 디지털 휴먼이라는 기술을 체계적으로 이론화하는 것을 뜻하지 않으며, 또한 디지털 네트워크 시대의 인간이 살아가야 할 시민적인 방향성을 탐색하는 것을 나타내지도 않는다. 그보다는 디지털 휴먼이라는 기술 표상으로부터의 철학적 반성 작용을 거듭하여 인간 곁에 존재하는 디지털 휴먼에게서, 그리고 디지털 휴먼 곁에 존재하는 인간에게서 총체적으로 도출될 수 있는 인간학적 의미를 내포하는 개념이라고 하는 것이 적절할 것이다.

참고문헌

조창오(2021). 카프의 기술철학의 동기. ≪철학연구≫, 159, 287-314쪽.

진교훈(2015). 『철학적 인간학입문(Ⅰ)』. 중판. 서울: 경문사.

한상열(2022). 메타버스 新인류, 디지털 휴먼. (IS-135). 소프트웨어정책연구소. https://spri.kr/posts/view/23372?code=data_all&study_type=&board_type=issue_reports

Ferrando, F.(2019). Pos-Humanismo, Transumanismo, Anti-Humanismo, Meta-Humanismo e novos materialismos. *Revista de Filosofia: Aurora*, 31(54), pp.958-971.

Nordmann, A.(2008). *Technikphilosophie zur einführung*. Hamburg: Junius. 조창오 역(2021). 『기술철학 입문』. 경기: 서광사.

05
AI 기술에 관한 인간학적 물음

포스트휴먼과 디지털 휴먼을 통하여 인간과 기술이 서로 간의 경계로 지향하는 단방향적인 물음에 대한 답을 내놓은 뒤에는 최종적으로 양방향적인 물음을 주워 가며 '디지털 휴머니즘'이라는 인간학적 의미를 정초하는 것으로 나아가야 한다.

인간의 기술화에 관한 물음

AI 시대의 새로운 인간과 기술 관계에 관하여 세 가지 인간학적 물음이 제기된다. 첫 번째 물음은 인간으로부터 기술로의 지향성에 접착되는 물음이다. 분명 여러 물음이 달라붙을 수 있지만 여기서는 특별히 한 가지 담론에 편승하여 착상(着想)을 얻을 수 있다. 이때 한 가지 담론은 '포스트휴먼(posthuman)'을 암시하고 있는데, 두 가지 까닭이 존재한다. 첫 까닭은 포스트휴먼 담론이 인공지능 시대에 급격히 성장하는 형세를 보여 주고 있다는 점에서 본 연구의 배경과 일치하기 때문이다. 강승지 외(2018)는 2002년부터 2018년까지 총 17년 정도의 포스트휴먼에 관한 연구물들을 토대로 연구 동향을 분석하였다. 그들은 5~6년 단위로 자료를 수집하였는데, 2002년부터 2006년까지는 16편(5.3%), 2007년부터 2012년까지는 62편(20.4%), 2013년부터 2018년까지는 226편(74.3%)이 나타났다(강승지 외, 2018, p.404). 시기별로 연속적으로 증가하기도 하였지만, 눈여겨볼 만한 점은 1분기에서 2분기로 넘어갈 때는 46편이 증가한 데 반하여 2분기에서 3분기로 넘어가면서는 164편의 큰 폭으로 급증했다는 사실이다.

이같이 극적으로 반등한 데 관하여는 그들의 연구 결

과에서 어느 정도 실마리가 풀린다. 그들이 앞선 연구물들을 분기별 키워드 빈도 분석을 통하여 정리한 표에서 3분기에 나타나는 키워드 중 이전 분기와 비교하여 새롭게 등장하였으면서도 상위 순위를 차지하고 있는 것으로 '인공지능'과 '4차 산업혁명'이 발견된다(강승지 외, 2018, p.409). 이로부터 마지막 시기가 인공지능을 중심으로 하는 제4차 산업혁명이 대두된, 또한 알파고 쇼크가 일어났던 2016년과 그 이후를 포함하고 있기 때문임을 추측할 수 있었다. 따라서 포스트휴먼 담론이 인공지능 시대에 더욱 활발히 논의되고 있음도 일정 부분 자명해지게 된다.

다음 까닭은 인간의 기술화를 주제로 다루는 인간학적 사유 중에서도 포스트휴먼이 대표성과 포괄성을 보유하고 있기 때문이다. 근래 들어 포스트휴먼 연구 분야를 선도하고 있는 연구자 중 한 명인 프란체스카 페란도(Francesca Ferrando)는 "20세기와 21세기의 과학 및 생명공학적 발전뿐만 아니라 존재 인식론(onto- epistemology)에 이어 현대 학계에서 포스트휴먼은 인간의 개념을 완전히 재정의해야 하는 시급한 필요성을 다루는 핵심 용어가 되었다"고 설명한다(Ferrando, 2019, p.959).

그러면서 그는 포스트휴먼이라는 표(label)가 포스트휴머니즘(posthumanism)(철학적, 문화적, 비판적), 트랜스휴머니즘(transhumanism)(엑스트로피아니즘, 자유주의, 민주주의 트랜스휴머니즘 등의 변형), 신유물론(new materialisms)(포스트휴머니스트의 틀 안에서 발전한 특정 페미니즘), 반휴머니즘(anti-humanism), 포스트인문학(post-humanity), 메타인문학(meta-humanity)의 다차원적인 사상과 운동을 포함하는 포괄적인 개념이 되었다고 논한다(Ferrando, 2019, p.959). 광폭적인 지식의 생산성과 사고의 융합성을 바탕으로 과학과 인문학의 경계가 모호해지면서 기술 발전으로 새로이 탄생할 인간 존재를 의미하는 포스트휴먼이라는 개념이 주목받게 되고(박휴용, 2019, p.42), 이와 관련하여 무수한 논의들이 펼쳐지기 시작한 것이다.

따라서 이러한 까닭에서 채택한 포스트휴먼 담론이 인간의 의미를 어떠한 방식으로 구상하고 있는지, 그 성격적 특성을 구체화할 수 있다. 다만 포스트휴먼 연구는 갈래와 유형 간의 포함 관계에 관하여 초학문적인 특성 때문에 합의된 논의가 부재한 실정이다. 용어에 대한 일반적이고 포괄적인 사용이 오히려 "전문가와 비전문가 사이에 방법론적이고 이론적인 혼란(Ferrando, 2019, p.959)"을 야기하고 있다. 그러므로 광범위하게 펼쳐진 논의를 접어 가며 인간의 기술화에 관한 인간학적 물음들을 정리하고, 거기서 파악되는 한계를 발견하여 디지털 휴먼(Digital Human)에 관한 인간학적 논의가 이를 보완할 수 있는지 확인할 필요가 있다.

기술의 인간화에 관한 물음

두 번째 물음은 기술로부터 인간의 지향성에 부착되는 물음이다. 여기서는 디지털 휴먼이라는 기술을 철학적 반성의 대상으로 두고 인간학으로의 연결 지점을 탐색하는 것이 포함된다. 그러기 위해서는 제일 먼저 디지털 휴먼이라는 현상 자체를 있는 그대로 분석하는 것으로 시작해야 한다. 디지털 휴먼이 가상 인간, 가상 인플루언서로 잘 알려진 기술 중심의 키워드임은 명백한 사실이다. 그래서 더욱 디지털 휴먼이라고 하는 기술이 소비사회의 현실 속에서 드러나는 방식을 객관적으로 관조하는 작업은 디지털 휴먼의 인간학적 의미를 도출하기 위하여 선행될 필요가 있다. 이에 방은찬 · 변순용(2022)은 디지털 휴먼의 정체성을 사실(fact)과 비사실(non-fact)의 측면을 두고 구분하는데, 디지털 휴먼이 현존 인간에 근거하고 있는지 아닌지에 따라 '디지털 더

블(digital double)'과 '디지털 싱글(digital single)'로, 또는 디지털 휴먼이 그 자체로 고유한 정체성 보유하고 있는지 아닌지에 따라 '디지털 주체(digital subject)'와 '디지털 객체(digital object)'로 제시하고 있다. 덧붙여 그들은 근거성(ground)와 정체성(identity)라는 두 기준을 조합하여 디지털 휴먼의 네 가지 본질적 특성을 분류하였다. 기술학, 공학, 경제학, 광고학, 매체학에서 주로 정리되고 있는 디지털 휴먼의 기술적이고 경제적인 활용 분류와 비교하면 그들의 분류 작업은 어느 정도 객관성을 담보하면서도 인문학적 측면이 강조되어 있다. 따라서 디지털 휴먼에 기반하여 이루어진 인문학적 고찰이 기근(飢饉)한 상황에서 기존의 활용 분야와 예시를 따르는 대신 이들이 제시하고 있는 본질적 특성과 예시에 맞춰 기술의 인간화 현상에서 던져질 수 있는 인간학적 문답을 발굴해 낼 수 있다.

디지털 휴머니즘의 인간학적 물음의 필요성

포스트휴먼과 디지털 휴먼을 통하여 인간과 기술이 서로 간의 경계로 지향하는 단방향적인 물음에 대한 답을 내놓은 뒤에는 최종적으로 양방향적인 물음을 주워 가며 '디지털 휴머니즘(Digital Humanism)'이라는 인간학적 의미를 정초하는 것으로 나아가야 한다. 국내에서 디지털 휴머니즘이라는 용어는 생경한 편이지만, 국외에서는 디지털 대전환(digital transformation)이라는 시대의 변혁적 양상에 대응하기 위하여 디지털 휴머니즘에 관한 논의가 발돋움하고 있다. 국제적으로 디지털 휴머니즘에 대하여 공신력 있는 논의를 펼치고 있는 협력체인 '디지털 휴머니즘 이니셔티브(The Digtial Humanism Initiative, DHI)'는 기술 사회가 내포하고 있는 위험성에 대하여 인권, 민주주의, 포용성, 다양성을 가치로 하는 기술 개발이나 정책을 다룰 수 있는 디지털 휴머니즘을 구축하고자 기획되었다(The Digital Humanism Initiative, n.d.). DHI는 그와 같은 동기와 목표를 공개적으로 설명하기 위하여 2019년 5월 세계적으로 여러 기관과 개인이 서명한 성명서인 '디지털 휴머니즘에 관한 빈 선언문(Vienna Manifesto on Digital Humanism, VMDH)'를 마련하였다(Werthner et al., 2023). 45개국의 서명자들이 지지하고 8개의 언어로 제공되고 있는 VMDH에는 DHI의 디지털 휴머니즘에 관한 이론적인 관점이 나타나 있다. 그들은 VMDH에서 "기술이 인간을 만드는 대신 인간의 가치와 요구에 맞춰 기술을 만들어야" 한다고 강조하며, 그들의 과제가 정보 통신 기술을 인간 중심적

(human-centered)으로 혁신하는 것이라 주장한다(The Digital Humanism Initiative, 2019). 종합하자면 DHI에서 주창하는 디지털 휴머니즘은 디지털 대전환 시대에 인간의 존엄성과 인류의 공공선을 증진할 수 있도록 기술의 합목적성을 재고(再考)하는 것이라 할 수 있겠다.

그러나 DHI와 같은 디지털 휴머니즘은 이 글에서의 디지털 휴머니즘과는 학문적 결이나 기조가 유별(有別)하다. 전자는 스스로 디지털 휴머니즘의 이론적 기반에 15~16세기의 르네상스 인본주의(Renaissance Humanism)나 18세기의 계몽주의적 인본주의, 20세기의 프랑크푸르트학파의 비판 이론과 같은 근대적 인간관을 두고 있다(Werthner et al., 2022). 이는 인간을 이성주의와 합리주의 안에서 이해하려는 시도로 파악할 수 있다. 그에 반하여 후자는 오히려 근대적 인간관의 한계를 타파하려는 포스트휴먼과 같은 현대적 인간관을 이론적 뼈대의 한 축으로 잡는다. 더하여 전자는 디지털 기술을 가치에 알맞게 개발하고 사용하기 위한 원칙, 정책, 규제, 방안, 교육과 같은 방법론을 철학, 법학, 정치학, 경영학, 정보학을 포괄하여 초학문적으로 다룬다. 이는 디지털 휴머니즘을 "기술적 휴머니즘(technological humanism)"의 하나로 보며 디지털 기술에 대한 접근 방식이자 방법론적 프레임워크로서 제안하는 베르톨라소 외(2022, p.4)의 입장과 유사하다. 후자는 그와는 다르게 디지털 휴먼이라는 기술을 바탕으로 포스트휴머니즘이나 트랜스휴머니즘과 같은 인간학적 존재론이나 인식론에 가깝다. 그렇기에 AI 시대의 인간학이 필요한 지금이라면 학문적으로 거의 지반이 형성되어 있지 않은 디지털 휴머니즘의 인간학적 의미를 물어야 할 것이다.

참고문헌

강승지 외(2018). 포스트휴먼 연구동향 분석을 통한 교육적 함의 탐색: 키워드 네트워크 분석을 중심으로. ≪어린이문학교육연구≫, 19(3), 399-421쪽.

박휴용(2019). 포스트휴먼적 존재인식론에 기반 한 질적 연구의 성격과 방법. ≪교육혁신연구≫, 29(2), 41-68쪽.

방은찬·변순용(2022). 메타버스 시대에 디지털 휴먼의 민주적 활용 가능성에 대한 윤리적 논의. ≪윤리연구≫, 139, 247-281쪽.

Bertolaso, M., et al.(2022). Introduction. In M. Bertolaso, L. Capone, & C. Rodriguez-Lluesma (Eds), *Digital humanism: a human-Centric approach to digital technologies* (pp. 1-9). Springer.

Ferrando, F.(2019). Pos-humanismo, transumanismo, anti-humanismo, meta-humanismo e novos materialismos. *Revista de Filosofia: Aurora*, 31(54), pp. 958-971.

The Digital Initiative.(2019). V*ienna Manifesto on Digital Humanism*. Retrived August 16, 2023, from https://caiml.dbai.tuwien.ac.at/dighum/dighum-manifesto/

The Digital Initiaitve.(n.d.). *The Digital Humanism Initiative.* Retrived August 16, 2023, from https://caiml.dbai.tuwien.ac.at/dighum/

Werthner, H., et al.(2022). Preface. In Werthner, H., et al.(Eds.), *Perspectives on Digital Humanism* (p. v–ix). Springer International Publishing.

Werthner, H., et al.(2023). Digital Humanism: The Time Is Now. *Computer*, 56(1), pp.138–142.

06
AI와 포스트휴먼

여기서는 객관주의적 시각에서 포스트휴먼 시대의 존재론적 인간 이해를 재조명하고자 포스트휴먼 담론의 유형화 대신에 여러 사상과 운동에서 드러나는 본질적 특성에 근거한 분류 작업을 수행하고자 한다.

포스트휴먼 개념의 전환적 분류

최근 들어 '포스트휴먼(posthuman)' 담론의 입지가 여러 학문 분야로 확장되어 가는 사회현상은 가벼이 넘겨서는 안 될 것이다. 심지어는 이 담론은 디지털 휴먼(Digital Human), 트랜스휴먼(transhuman), 메타휴먼, 슈퍼 휴먼, 네오휴먼 등과 유사점으로 엮여 있어 그 범위의 한계가 여전히 증축되고 있다. 그러나 어떠한 개념이 급격히 활발하게 논의되다 보면 사실 그에 대한 협력적인 난상토의(爛商討議)보다는 개별적인 탁상공론(卓上空論)으로 이어질 빌미를 제공하게 된다. 그러다 보면 어느새 진리를 향한 철학적 탐구, 현상에 대한 논리적 분석, 미래에 대한 합리적 예측 등의 유의미한 학문 활동보다는 얕은 수준의 개념 정립과 개념의 오용 및 남용 등에서 겉돌 수 있다. 그리하여 여기서는 포스트휴먼 담론에서 '포스트'의 기준이 될 '휴먼' 개념이 어떻게 전개되고 있는지를 전환성에 근거하여 파악한 뒤, 그로부터 도출되는 특성을 비판적 관점에서 검토해 보고자 한다.

포스트휴먼의 '휴먼'은 인간, 그 이상의 의미를 담고 있어 상징성을 보유하고 있다. 때로는 휴먼은 지극히 인간적인 사상을 말하기도 하고, 때로는 인간 생물 그대로를 뜻하기도 하며, 아니면 인간이 가지고 있는 특수한 지위나 위계나 권력을 의미하기도 한다. 또 하나의 특성은 그러한 휴먼 개념이 어떻게 전환되고 있고, 전환되어야 하는지를 모색하는 전환적 사유 개념이라는 점이다. 그리하여 다음부터는 포스트휴먼의 '휴먼' 개념이 어떻게 논의될 수 있는지를 사상, 생물, 권력의 영역에서 전환적 사유를 중심으로 분석해 보고자 한다.

특히 포스트휴먼 담론 자체를 유형화하지 않고 '휴먼' 개념 자체를 분석하는 이유는 이렇다. 포스트휴먼 담론 내에는 비판적 포스트휴머니즘, 철학적 포스트휴머니즘, 문화적 포스트휴머니즘, 트랜스휴머니즘(transhumanism) 등의 다양한 사상과 운동이 얽혀 있다. 그렇지만 여러 갈래로 나누어진 포스트휴먼 담론이라도 각개 주장의 이면에는 근본적으로 사회현상의 변화로 나타나는 존재론적 인간 이해를 고찰한다는 공통점이 존재한다(신승환, 2020: 137)(신승환, 2020, p.137). 따라서 여기서는 객관주의적 시각에서 포스트휴먼 시대의 존재론적 인간 이해를 재조명하고자 포스트휴먼 담론의 유형화 대신에 여러 사상과 운동에서 드러나는 본질적 특성에 근거한 분류 작업을 수행하고자 한다.

사상적 전환

포스트휴먼(posthuman)은 첫째, 사상적 전환의 기준을 넘어선 실체로서 '탈인간(종)중심주의 사회의 휴먼'이다. 이는 포스트휴먼 담론을 주도하고 있는 연구자 중 한 명인 로시 브라이도티(Rosi Braidotti)의 주장으로부터 확인할 수 있다. 로시 브라이도티는 유럽의 현대 철학자로 페미니즘 이론가이지만, 2000년대 초중반부터 지금까지 연이어 포스트휴먼에 관한 논의를 펼치며 포스트휴먼 담론을 이끌어 가고 있다. 포스트휴먼 시대는 종종 휴머니즘 시대로부터 이해되고는 한다. 이때 로시 브라이도티는 휴머니즘 시대의 한계에 관한 분석을 통해 포스트휴먼에 대해 통찰했는데, 그녀가 개념화한 휴머니즘의 한계에서 인간중심주의와 종 차별주의를 발견할 수 있다(김분선, 2017, pp.41-42). 그러면서 그녀는 휴머니즘의 한계를 극복하기 위한 포스트휴먼의 윤리 기준으로서 탈인간중심주의와 혼종 주의를 찾고 있다. 그녀는 인간을 역사를 거쳐 구성되어 온 사회적 협약체로 판단하고 있는데(이은경, 2018: 139)(이은경, 2018, p.139), 이는 인간을 상대주의적 개념으로 간주하고 언제든지 변화할 수 있는 개념으로 생각한 것이다. 이에 더하여 그녀는 이제는 잠시 우세했던 인간(종)중심주의라는 패러다임의 주도권이 이양되어야 할 시기가 도래한 것이라 여겼다.

이에 대하여 『포스트휴먼 조건: 뇌를 넘어선 의식(The Posthuman Condition: Consciousness beyond the brain)』의 저자 로버트 페퍼럴(Robert Pepperell)은 그의 책에서 비슷한 주장을 전한다(R. Pepperell, 2017: 271-272 참조)(Pepperell, 2017, pp.271-272). 그는 포스트휴먼 조건의 하나를 인간을 우월하고 독자적인 존재로 신망하는 '휴머니즘'의 종말로서 정의하였다. 그의 표현을 빌려 이를 구체화하자면 포스트휴먼 조건이란 "'인간(Man)'의 종말'에 대한 것이 아니라 '남성 중심(man-centered)' 우주의 종말에 대한 것이며 보다 덜 남근 중심적으로 하자면 '인간 중심(human-centered)' 우주의 종말에 대한 것"(R. Pepperell, 2017: 271-272)(Pepperell, 2017, pp.271-272)이라 할 수 있다. 즉, 그에 따르면 포스트휴먼 개념은 단지 인간(종)의 실체적 존멸(存滅)이 아닌 사상과 이념의 교체로부터 설정되어야 한다. 이처럼 사상적 전환에 기초한 포스트휴먼은 인간을 만물의 척도로 간주하던 프로타고라스의 지론 속에 갇혀 있던 인류 사회가 패러다임의 관점에서 인식론적으로 재구조화되었을 때 그 안에 생존하고 있는 존재다.

한편 탈인간(종)중심주의 사회의 포스트휴먼의 등장은 데카르트(Descartes)의 코기토(cogito)적 주체로 표상되는 근대성의 핵심 사유인 주체-자아 중심주의(최진석, 2009: 174)(최진석, 2009, p.174)를 탈피하려는 '타자'의 철학으로부터 일부 기원하는 것으로 보인다. 프랑스의 대표적인 타자 철학자인 에마뉘엘 레비나스(Emmanuel Levinas)는 타자라는 주체로부터 포획되지 않는 대상과의 만남으로 타자 윤리학을 정립했다. 레비나스가 제시하는 타자는 나-주체 앞에 약자로서 나타나 고통의 얼굴을 드러내 책임을 강박하는 존재다. 이로써 그의 타자 윤리학은 주체가 소외된 대상에게 눈을 돌릴 수밖에 없도록 강요한다. 이탈리아의 철학자 조르조 아감벤(Giorgio Agamben)은 미셸 푸코(Michel Foucault)의 생명 정치로부터 그만의 생명 정치 이론을 확립하며, 소외된 타자들에 대하여 정치철학의 관점에서 접근하기 시작했다. 아감벤은 그의 이론을 잘 드러내고 있는 저서 『호모 사케르(Homo Sacer)』를 통해 법의 테두리에서 벗어난 '예외 상태(Stato di eccezione)'에 놓인 난민과 같은 '벌거벗은 생명(bare life)'들을 발견한 것이다. 여기에 해체주의의 창시자 자크 데리다(Jacques Derrida)는 타자의 범위를 인간으로부터 동물에까지 확장한다.

그는 레비나스의 인간중심적인 타자 이론에 대하여 회의(懷疑)하며 소외된 존재인 동시에 인간보다 더 타자적인 타자로서의 동물에 주목한다(왕은철, 2021, p.755). 이어서 그는 주저하지 않고 인간에게 종속된 동물이라는 존재를 통해 인간(종)중심주의의 근대성을 해체하기에 이른다(이희영, 2018, p.302). 데리다의 입장은 피터 싱어(Peter Singer)의 종 차별주의로부터 촉발되는 동물 해방과도 유사한 맥락일 것이다. 그리고 도덕적 존중 대상으로서의 식물 권리에 관한 논의(변순용, 2011, p.59)로부터 이어지는 식물 해방이나 인공지능의 발전이 슬며시 던져 놓은 기계 해방 담론들도 확산할 가능성이 있어 보인다. 타자를 바라보는 일은 우리가 탈인간(종)중심사회로 이행하는 데 철학적 기반을 제공하고 있는데, 이 같은 타자의 확장은 탈생명 중심주의와 기계의 타자성으로 이어지고 있으며 인공지능의 발전이 타당성을 높이고 있어 포스트휴먼의 사상적 전환은 현재진행형이라 할 수 있겠다.

생체적 전환

포스트휴먼은 둘째, 생체적 전환의 기준을 넘어선 실체로서 '기술을 통해 생명적 · 기능적으로 증강된 휴먼'이다. 이는 쉽게 말해 트랜스휴머니스트들이 지향하고 있는 트랜스휴먼을 지칭하고 있으며, 이반 칼러스(Ivan Callus)와 슈테판 헤어브레히터(Stefan Herbrechter)의 포스트휴먼-이즘(posthuman-ism)과 포스트-휴머니즘(post-humanism)의 포스트휴머니즘 개념 구분 중 "과학기술의 발전으로 지능적, 육체적 한계가 극복되고 인체가 강화된 포스트휴먼의 등장과 접합된 개념"을 뜻하는 전자에 해당한다(최민자, 2017, p.138). 옥스퍼드 대학교의 스웨덴 출신 철학자인 닉 보스트롬은 대표적인 트랜스휴머니스트로 알려져 있는데, 그 또한 포스트휴먼 개념을 트랜스휴먼의 관점에서 제시한다. 그에 따르면 트랜스휴먼은 "기술적인 수단들을 통해 현재의 인간보다 월등한 신체적 · 심리적 능력을 갖게 된 존재자"다(오용득, 2015, p.10). 즉, 트랜스휴먼의 핵심은 바로 기술의 진보와 그로 인한 인간 증강(human enhancement)에 있다.

트랜스휴먼이 가시화되는 이유는 바로 각종 현대 첨단 과학기술의 진보 때문이다. 인공지능을 필두로 하는 제4차 산업혁명은 형이상학적 담론으로 그치지 않았고, 현상학적으로 현실 속에 적극적으로 반영되어 나타나고 있다. 이에 정결은 제4차 산업혁명의 메가트렌드

(megatrend)로서 세 가지 핵심 기술을 추출하였다(정결, 2021, pp.243-245). 첫째는 "물리학(physical) 기술"로서 무인 운송 수단, 3D 프린팅, 첨단 로봇공학, 신소재 등이 그에 해당한다. 이들은 트랜스휴먼의 신체적 기능 증강과 밀접하게 연관된다. 둘째는 제4차 산업혁명의 중심이 되는 "디지털(digital) 기술"로서 사물 인터넷(Internet of Things, IoT), 인공지능, 빅 데이터 등이 그에 해당한다. 이들은 트랜스휴먼의 인지적 기능 증강과 밀접하게 연관된다. 셋째는 "생물학(biological) 기술"로서 정밀 의료, 줄기세포, 유전체 연구, 합성 생물학(synthetic biology) 등이 그에 해당한다. 이들은 트랜스휴먼의 생물적 기능 증강과 밀접하게 연관된다. 이러한 구분은 사실 인위적일 뿐 기술들은 융복합적으로 발전하고 있으며, 결과적으로 트랜스휴먼의 기능 증강을 위한 작업에 함께 적용되고 있다. 그러므로 트랜스휴먼의 진화는 그러한 기술들의 진보에 정비례하여 거듭하고 있다.

한편 극단적 트랜스휴머니스트들은 오히려 신체를 버리고 (또는 가상의 육체로 대체하고) 정신만 디지털 신호로 업로드하는 방식을 강구하고 있다. 과학기술만으로 영원성을 득하기에는 인간의 신체가 가진 한계를 뛰어넘는 게 쉽지 않기에 애초부터 신체를 제거하는 방안을 선택한 것이다. 최근 각광받았던 메타버스와 디지털 휴먼 기술은 트랜스휴머니스트들의 영원불멸에 대한 근시안적인 지향점에 도달할 수 있는 발판처럼 보이기도 했다. 이것이 가능하게 된다면 메타버스는 제2의 세계가 되고, 디지털 휴먼은 제2의 육체가 되어 또 다른 인간 활동 세계가 형성되는 기반이 될 수 있을 것이다. 마치 영화 〈매트릭스〉(1999)의 제2의 디지털 세계인 매트릭스와 아바타 네오, 또는 영화 〈레디 플레이어 원〉(2018)의 제2의 세계인 오아시스와 아바타 파시벌처럼 말이다.

이러한 과학기술의 혁신과 함께 기계화된 인간과 인간화된 기계의 경계에서 트랜스휴먼은 이제 상상 또는 가상의 존재로만 치부될 수 없는 실체가 되었다. 이와 같은 포스트휴먼의 생체적 전환 개념은 인간을 물질주의적 관점으로 파악한 경우인데, 이는 인간의 사고 전환과는 달리 기술의 진보 양태에 직접적으로 영향을 받는다. 물론 어느 정도로 증강된 트랜스휴먼이 인간으로서 자격을 부여받을 수 있는가에 대하여 기준을 설정하는 것도 하나의 인류 과제가 될 것이다.

권력적 전환

마지막으로 포스트휴먼은 셋째, 권력적 전환의 기준을 넘어선 실체로서 '권력을 탈취당한 휴먼' 또는 '권력을 탈취한 제3의 존재'다. 앞서 논의된 탈인간(종)중심주의 사회의 포스트휴먼과 트랜스휴먼으로서의 포스트휴먼은 모두 인간이 사회적 주도권을 가진 상태며, 단지 숙의와 합의를 통해서도 인간 개념을 계약적으로 정의할 수 있다. 그러나 권력적 전환 개념으로서의 포스트휴먼은 인간의 주도권이 어떠한 대상에 의하여 무력하게 탈취된 상황을 가정하고 있다. 이곳에서 회자되는 권력은 일반적으로 자연 세계 종적 최상의 위계와 인공물 창조자로서 가지는 지위로 볼 수 있다. 인간의 권력이 빼앗기는 상황은 21세기가 들어서기 전에는 인류가 전혀 포착하지 못하는 미지의 우주 속 외계 존재로부터만 가능하다고 여겨졌기에 다소 허무맹랑해 보였다. 그러나 인공지능과 첨단 로봇 산업 등 과학기술의 급격한 발전은 인류에게 포착될 수 있는 존재 안에서 인간 권력의 대체자(또는 강탈자)가 출현할 수 있음을 암시하기 시작했다.

관련하여 한 가지를 예로 들어 보자. 2017년 서울대 유기윤 교수 연구팀은 미래 도시를 예측하며 『미래 사회 보고서』를 저술했다. 이 저서에서 그리고 있는 미래의 인간 세계는 플랫폼을 중심으로 총 4가지 계급으로 구분된다(교보문고, 2017). 최상위의 제1계급은 플랫폼 제국을 거머쥐고 흔드는 거대 플랫폼 기업의 기업가와 투자자로서 "플랫폼 소유주"다. 제2계급은 플랫폼 소유주가 마련한 장(field)이 문정여시(門庭如市)하도록 일조하는 전문가 집단인 '플랫폼 스타'다. 제3계급은 사회적으로 법인격을 부여받아 플랫폼이 원만하게 돌아가도록 돕는 인공 생명체인 '인공 지성'이며, 여기에는 인공지능이 탑재된 기계들이 포함될 수 있을 것이다. 문제는 인구의 99.99%를 차지할 것으로 예상되는 다음 계급에 있다. 이 계급은 제4 계급으로 플랫폼에 종속되어 임시 계약 경제를 뜻하는 기그 경제(gig economy)에 기반하여 불안정한 프리랜서로 생활하는 '프레카리아트(precariat)'다. 프레카리아트는 영국 경제학자 가이 스탠딩(Guy Standing)에 의해 개념화된 용어로 'precarious'와 'proletariat'를 합성한 조어로(Standing, 2014, p.23), 불확실하고 불안정한 노동을 영위하는 무산 계급을 의미하고 있다. 이와 같은 보고서의 논지에 비추어 본다면 0.01%의 인간만이 권력자일 뿐 나머지 인간들은 모두 인공지능을 기반으로 한 기계에 의하여 권력을 탈취당하게 됨을 의미한다. 0.01%도 절대 권력이 아닐뿐더러 언제든지 인공지능 기반 기계에 침식당할 위험을 의식하며 살아야 할 것이며, 어느 특이점(singularity)에 이르면 순식간에 잠식당해 버릴지도 모른다.

권력 교체의 사회현상 안에서 다른 포스트휴먼 개념들과 달리 세 번째 포스트휴먼 개념은 두 가지로 양산될 수 있다. 우선 권력이 교체되었을 때의 인간이 바로 그 1가지다. 이때의 포스트휴먼이 주제로 상정되어야 하는 이유는 특이점에 대비하여 인간이 현시점에서 인간 지위, 대응 방향에 관하여 사회적이고 윤리적인 고찰을 실질적으로 해 나가야 하기 때문이다. 이는 어쩌면 비판적 포스트휴머니즘적 사유와 일맥상통한다. 그리고 추후 역사적인 영광을 내려놓은 채 새로운 권력자들과의 공존 속에서 어떠한 행동과 태도를 일관해야 하는가를 고민해야 할지도 모르겠다. 다음으로 권력을 탈취한 제3의 존재가 나머지 1가지다. 이때의 휴먼은 인간이 아닌 (인간이 누려 왔던) 권력 자체를 의미하게 된다. 이때의 포스트휴먼이라는 기표는 인간(종)중심주의라는 사상적 전환이 아닌 인간(종) 사회라는 (적어도 인류사에서는) 유구한 시대를 저물게 했다는 기준으로서의 상징과 기의를 갖게 될 것이다.

권력적 전환 개념의 포스트휴먼은 사상적 · 생체적 전

환 개념의 포스트휴먼과 비교하면 아직 논의되기에는 이른 감이 있는 것이 사실이다. 그렇지만 포스트휴먼의 언어 자체의 의미와 기술 사회 진보의 가속성 등을 고려한다면 향후 인간의 상황을 판단하고 그에 따른 대응 방향을 도출하기 위해서는 의미가 있을 것이다.

참고문헌

교보문고(2017). 2050년 미래사회는'0.01%가 지배하는 99.99%'. 매일경제. https://www.mk.co.kr/news/culture/8028318

김분선(2017). 포스트휴먼 시대, 인간 지위에 대한 고찰. ≪환경철학≫, 23, 37-61쪽.

변순용(2011). 식물의 도덕적 지위에 관한 연구: 성장과 스트레스 개념을 중심으로. ≪환경철학≫, 12, 35-64쪽.

신승환(2020). 『포스트휴머니즘의 유래와 도래』. 서울: 서강대학교출판부.

오용득(2015). 트랜스휴머니즘의 포스트휴먼 프로젝트와 의지적 진화의 문제: 닉 보스트롬의 논고들을 중심으로. ≪인문논총≫, 38, 5-29쪽.

왕은철(2021). "더 타자적인 타자"로서의 동물들: J.M. 쿳시의 「노년의 여성과 고양이들」에 나타난 동물윤리. ≪영어영문학≫, 67(4), 745-768쪽.

이은경(2018). 디지털 데이터 사회의 포스트휴먼을 위한 교육. ≪신학사상≫, 183, 137-163쪽.

이희영(2018). 데리다(Jacques Derrida)의 동물 타자 시선에서 본 현대 형상 예술 표현 연구: 본인의 작품을 중심으로. ≪만화애니메이션연구≫, 50, 299-325쪽.

정결(2021). 제4차 산업혁명과 인공지능 윤리. ≪윤리연구≫, 132, 239-261쪽.

최민자(2017). 포스트모던 세계와 포스트휴먼 그리고 트랜스휴머니즘. ≪동학학보≫, 44, 129-179쪽.

최진석(2009). 타자 윤리학의 두 가지 길: 바흐친과 레비나스. ≪노어노문학≫, 21(3), 173-195쪽.

Pepperell, R.(2003). *The posthuman condition : consciousness beyond the brain*. Bristol, UK ; Portland, OR : Intellect. 이선주 역(2017). 『포스트휴먼의 조건: 뇌를 넘어선 의식』. 경기: 아카넷.

Standing, G.(2014). Understanding the precariat through labour and work. *Development and change*, 45(5), pp.963-980.

07
포스트휴먼 시대의 윤리적 대응

포스트휴먼 시대의 인간이 무엇인가에 대한 물음이 아니라 포스트휴먼 시대에 인간이 무엇인가에 대하여 어떠한 혼란을 겪을 수 있는가를 집중적으로 다룬다.

인간의 위계성 혼란과 대응

인간은 무엇인가라는 인간학적 물음은 고대부터 현대에 이르기까지 입증되고 확정된 결론만 없을 뿐 여태까지 끊이지 않고 이어져 왔다. 그때마다 인간은 각각 다르게 이해되어 왔다. 인간의 구성 요소를 무엇으로 보냐에 따라 '몸', '이성', '정신', '영', '혼' 중심의 입장으로 각각 나뉘기도 했다. 또는 통합적 관점에서 제시되거나 인간을 기계적 존재로 바라보기도 했다. 그러나 여기서는 포스트휴먼(posthuman) 시대의 인간이 무엇인가에 대한 물음이 아니라 포스트휴먼 시대에 인간이 무엇인가에 대하여 어떠한 혼란을 겪을 수 있는가를 집중적으로 다룬다.

생각할 수 있는 첫 번째 혼란은 바로 '인간의 위계성(hierarchy)' 혼란이다. 탈인간(종)중심주의 사회의 포스트휴먼은 오래도록 지니고 있던 기득권을 스스로 내려놓은 자들이다. 하지만 그러한 종적 무계층 주의 계약은 인간의 종적 위계성을 한순간에 무너뜨릴 수 있다. 인간(종)중심주의 사회에서의 탈피는 위선으로 얼룩질 가능성이 크다.

우리는 그동안 인간(종)중심주의 사회에 살면서도 인간 이외의 생명을 존중하기 위하여 최선을 다하려는 공리주의적 노력을 도덕적이고 윤리적인 행위라 여겼다. 그러나 이와 같은 인간(종)중심주의 속에서의 최대한의 윤리는 탈인간(종)중심주의 속에서는 최소한의 유대인 학살이나 다를 바 없게 된다. 이로써 인간은 부지불식간에 유일한 윤리적 존재에서 무차별한 비윤리적 존재로 전락해 버린다. 결국 비윤리적 존재로의 이행을 방지하는 방법은 인간이 유지해 오던 인간-(인간 이외의) 동물-식물-기타 생물-기계-사물의 종적 위계성을 모두 흩뜨리고, 모든 세계-내-존재가 동등한 계층을 유지하는 것뿐이다. 이것은 인간이 이룩해 온 모든 것을 부정한 채 자연으로 완전히 회귀하게 되는 것이다.

그런데 인간 말고 타자의 철학이 가능한 존재, 다시 말해 윤리적 사고나 행위가 가능한 존재가 있던가? 결국 자연의 법칙을 따라 토머스 홉스(Thomas Hobbes)의 사회계약론의 기반이 되는 만인 투쟁 상태를 넘어 만종 투쟁 상태로 돌아가겠다는 것이다. 또한 적자생존의 법칙은 타자의 철학으로 시작되었던 탈인간(종)중심주의가 다시 주체-자아의 철학으로 돌아와 인간(종)중심주의를 요구하는 모순적인 상황을 연출하게 된다.

이에 포스트휴먼 시대를 맞이하는 인간은 인간의 위계성 혼란을 안정적으로 해소하기 위하여 인간(종)중심주의와 탈인간(종)중심주의 사이에서 평화적이고 지속적인 숙의와 합의를 이어 가야 한다. 사상과 이념은 인류가 진리를 탐구하는 과정에서 비롯되는 이성과 사유의 존재인 인간 본질상 자연스러운 현상이다. 따라서 진리로 나아가는 과정에는 주장의 타당성을 확보하는 게 가장 중요하다. 사상과 이념의 진영화는 연대성을 통해 주장의 신뢰도를 높이는 역할을 할 수 있다. 그러나 현실에서 직시하고 있듯이 잘못된 진영 논리는 연대성을 악용하여 주장의 타당성보다는 권위만 드높이고 만다. 나아가 그러한 현상은 진영 간의 사상과 이념의 대립을 경쟁구도로 전락하게 만든다.

이에 대하여 위르겐 하버마스(Jurgen Habermas)의 '의사소통 행위(Kommunikatives Handeln)' 이론은 하나의 방편을 제공한다(고지현 외, 2012, pp.203-207). 그는 인간의 행위 유형을 비사회적 행위인 도구적 행위, 사회적 행위인 전략적 행위와 의사소통 행위로 분화시켰다. 이때 도구적 행위나 전략적 행위 모델을 따르는 인간은 "자기 보존을 위해 객체나 타자를 도구로 규정하고 이용"한다. 그러나 하버마스는 "언어적이고 사회적인 존재인 인간에게는 타자를 단지 도구화하지 않고 타자의 타자성을 인정"하는 의사소통 행위가 가능하다고 보았다. 사실 탈인간(종)중심주의뿐만 아니라 인간(종)중심주의도 타자의 타자성을 충분히 인정할 수 있다. 따라서 포스트휴먼 시대를 앞둔 양자 간의 논의는 권력 담론이 되기 위한 패러다임 주도권에 관한 사상적 권위 투쟁이 되어서는 안 되며, 하버마스가 말하는 의사소통 행위로 나아갈 필요가 있다. 그리고 이는 하버마스의 주장처럼 상호 주관성에 근거한 주체-타자의 상호 인정의 전제 속에서 '사실적 진리(Wahrheit)', '규범적 올바름(Richtigkeit)', '의도의 진실성(Wahrhaftigkeit)'의 3가지 타당성 요구에 따라 수행되는 평화적이고 지속적인 숙의와 합의를 통해 가능할 것이다.

인간의 윤리성 혼란과 대응

두 번째 혼란은 '인간의 윤리성(ethicality)' 혼란이다. 트랜스휴먼(transhuman)으로서의 포스트휴먼이 되기까지는 첨단 과학기술의 무수한 발전이 필수적으로 요구된다. 현재로서는 트랜스휴머니스트들의 낙관과는 달리 아직 그들이 지향하는 수준의 아이언맨과 같은 트랜스휴먼이 등장하기 위해서는 넘어야 할 산이 많다. 물론 일부 신체를 대체하는 정도의 과학기술이라면 이미 존재하지만, 완성도에 있어서 완전한 단계는 아닐 것이다.

따라서 앞으로 이를 성취하기 위하여 무리한 기술 실험들이 반복되는 것은 당연히 나타나는 과정일 것이다. 자유주의적 트랜스휴머니스트들은 자신의 생체 및 기능을 변형하기 위하여 기술을 활용할 때 개인의 자유를 확보하고자 기존의 종교적 형이상학적 인간 이해와 투쟁하기 위하여 합리성에 기댄다(김재희, 2017, p.208). 이에 따르면 개인의 자유주의적 선택에 따라 생명 윤리와 기술 윤리를 무시하고 이루어지는 위험한 기술 실험을 용인해야만 한다.

테슬라의 최고 경영자 일론 머스크(Elon Musk)는 뇌-컴퓨터 인터페이스(Brain-Computer Interface, BCI)를 개발하기 위하여 생명공학 기업인 뉴럴링크(Neuralink)를 설립하였다. 뉴럴링크는 인간의 뇌에 인공지능 등의 컴퓨터 소프트웨어가 연결되도록 초소형 칩을 이식하려는 침습적인(invasive) 기술을 개발하고 있다. 이를 위해서 그들은 인간 대신에 쥐, 원숭이, 돼지와 같은 동물을 대상으로 전자 칩을 이식하는 연구와 실험을 진행하고 있다. 결국 이들의 기술 실험은 동물 복지법 위반 혐의로 미 농무부 감찰관으로부터 조사를 받게 되었는데, 관련 문서에는 2018년부터 1500마리의 동물이 실험으로 인해 죽었다고 작성되어 있었다(이도연, 2022). 경각해야 할 점은 위법 여부가 아니라 무리한 실험 요구로 인해 동물들의 죽음 위험이 증가하고 있다는 점일 것이다.

기술 발전이라는 사회현상은 인간의 본질적 특성이겠지만 그 속도는 윤리성을 통해 조절되는 것이 중요하다. 이미 한스 요나스(Hans Jonas)도 윤리가 과학기술의 발전 속도를 따라가지 못하는 윤리적 진공상태(Das ethische Vakuum)(Jonas, 1994, p.60)에 대하여 지적하였다. 그런데 인류는 현대 과학기술 사회의 윤리적 진공상태를 적절히 관리하지 못하고 있으며, 이에 따라 윤리성의 혼란도 함께 증가하고 있다.

이에 포스트휴먼 시대를 맞이하는 인간은 인간의 윤리성 혼란을 안정적으로 해소하기 위하여 트랜스휴먼의 발전과 진보 과정에서 윤리적 고려 사항을 적극적으로 검토하고 적용하는 윤리적 책임을 수반하는 것이 중요하다. 이때 인간에 대하여 존재론적 책임을 요구하는 한스 요나스는 윤리적 책임의 방향성을 제시하여 준다. 요나스에 따르면 인간은 실존하는 존재에 대한 책임을 가치와 선 그 자체에 대하여 가지고 있다(변순용, 2004, p.164). 포스트휴먼 담론은 기본적으로 존재론적인 논의가 주를 이루고 있다. 요나스는 주로 생명체를 책임의 중심 대상으로 삼았지만, 대상의 범위를 확장하여 인간이든, 인간 이후의 인간이든, 인간화된 기계든, 기계화된 인간이든, 동물이든, 식물이든 트랜스휴먼의 기술적 증강에 관계하는 모든 실존하는 존재에 대하여 인간은 가치와 선 자체를 고민해야 하는 책임이 있다고도 볼 수 있다.

그리고 이러한 책임성의 성격은 '총체성', '연속성', '미래성'으로 정리될 수 있다(김문정, 2014, pp.81-82). 책임의 총체성은 책임의 대상에 대하여 육체, 교육, 행복 등을 전부 포괄하는 영역에서 요구되는 총체적인 책임을 의미한다. 이에 따르면 트랜스휴먼에 관한 기술적 지향은 관계되는 모든 존재에 대하여 총체적인 책임을 져야 하므로 윤리적 고려 사항의 범위가 무한정 증축된다. 그리고 이는 인간 증강의 속도를 윤리가 따라갈 수 있어야만 하는 당위를 제공하게 된다. 책임의 연속성은 전반적인 윤리적 고려 사항에 대하여 총체적인 책임이 실행될 때까지 책임이 연결되어야 함을 뜻한다. 즉, 트랜스휴먼의 윤리적 책임은 한시적이고 일시적인 모면을 의미하는 도구주의적 성격의 책임이 아니라 반드시 수행이 완벽하게 완료되어야만 하는 의무론적인 성격의 책임일 것이다. 책임의 미래성은 사후에 결과로서 이행되는 과거 지향적 책임이 아닌 사전에 전망으로서 이행되는 미래 지향적 책임을 말한다. 다시 말하면 트랜스휴먼의 기술 진보가 일으키는 윤리적 문제 사례에 대응하는 식으로 윤리적 책임이 실행되어서는 안 되며, 그 이전부터 윤리적 문제 사항을 예측하여 대응해 나갈 필요가 있다.

인간의 존엄성 혼란과 대응

세 번째 혼란은 '인간의 존엄성(dignity)' 혼란이다. 권력적 전환의 기준을 넘어선 실체로서의 포스트휴먼은 인간의 권력 자체를 교체해 버린 경우를 전제하고 있다. 인간 존엄성은 인류에게는 세계대전의 악몽 이후로 암묵적이고 관념적인 실체로 명맥을 이어 온 가치였다. 따라서 인간 존엄이라는 권리는 인간이 스스로 부여한 것이었고, 실질적인 보장의 역사도 오래되지 않았다. 이러한 관점에서 보자면 인간 존엄은 지극히 사회계약적이기도 하다. 그런데 사회계약적인 인간의 존엄은 최근 발생하고 있는 일련의 사건들로부터 전 세계 질서 속에서 균열이 발견되고 있고, 그로 인하여 인간 존엄의 존폐 위기도 서서히 드러나고 있다.

국가 안보에 중차대한 사항으로 여기던 우크라이나의 북대서양조약기구(NATO) 가입 문제가 계속되자 결국

2022년 2월 24일에 러시아 대통령 블라디미르 푸틴(Vladimir Putin)은 특별 군사작전을 명령하고, 그로써 러시아-우크라이나 전쟁은 시작되었다. 전쟁의 정당성은 차치하고 인간 존엄에 미치는 영향을 살펴보면 정확한 집계는 어렵겠지만 전쟁 발발 후 약 1년의 인명 피해만 보았을 때 우크라이나 민간인 사상자가 1만8657명(사망자 7110명), 우크라이나 난민이 1790만 명으로 알려져 있다(이태성 외, 2023). 여기에 양국의 군인 사상자를 더한다면 인명 피해는 더욱 증가할 것이다. 그런데 세계 각국 정부와 국제연합(UN), 유럽연합(EU) 같은 국제기구가 인간 존엄을 지키고자 할 수 있는 일은 공식 성명을 내고 경제 제재를 가하는 것뿐이었다. 이는 인간 존엄보다 자국 우선주의가 채택되어도 현실적으로 막을 수 없음을 의미했다.

이 말고도 이슬람 극단주의 무장 단체인 탈레반의 아프가니스탄 무력 장악, 북한과 같은 강력한 독재 정권 속 일상이 된 인권 침해 등을 근본적으로 개선하고 있지 못하는 현실은 모두 인간 존엄의 비견고성을 일부 반증하고 있다. 그렇다면 자가 보장이 불가한 인간의 존엄성은 권력이 교체된 상황에서 누가 지켜줄 수 있을 것인가? 권력을 보유한 인간이 자신의 권리를 규정한다면 누구도 이에 대항할 수 없지만, 포스트휴먼 시대에 인간 존엄의 지위는 전혀 다른 위치에 놓여 있는 것이다.

이에 포스트휴먼 시대를 맞이하는 인간은 셋째, 인간의 존엄성 혼란을 안정적으로 해소하기 위하여 자기 보장적이고 사회계약적인 성격을 넘어서는 그 자체로 진리인 인간 존엄의 근원에 관하여 철학적으로 성찰하는 것이 중요하다. 지금 불안정한 상황 속에 있는 인권은 어떻게 보면 권리보다는 하나의 권력이기도 했다. 이제 인류는 권력을 빼앗길지도 모른다는 권력 교체설을 정면으로 마주하고 있는지도 모른다. 물론 초인공지능(super-intelligence)이 등장하기 전까지는 당장 도래할 위기는 아닌 것처럼 보인다. 그렇지만 수 천 년의 문명사가 흘렀는데도 인간 존엄은 위태롭기에, 인간 존엄에 대하여 적절한 철학적 근거를 마련하기에 인류에게는 시간과 여력이 한참 부족할지도 모른다. 인간이 비참함에서 존엄성과 위대함을 취득해 낸 성공 드라마의 주인공으로 취해있는 것이 오만이라는 몽테뉴(Montaigne)의 지적은 아주 날카로운 것이었을지도 모른다(이재훈, 2022, p.17). 인간에게 필요한 인간 존엄에 대한 철학적 성찰들은 어떠해야 할 것인가?

통찰을 얻기 위하여 데카르트(Descartes)의 인간 이해를 보도록 하자(이재훈, 2022, pp.24-28). 데카르트의 인간학적 철학에 따르면 인간은 여타의 피조물과의 비교로부터 이해되는 존재가 아니다. 또한 각 존재는 자신의 능력을 온전하게 사용할 때 실현할 수 있는 각자의 고유한 완전성을 지니고 있다. 바꿔 말하자면 인간은 권력 소유 여하에 따라 자신의 완전성을 달리 하는 존재가 아니다. 대신에 데카르트가 말하는 인간의 완전성은 사실 인간의 존엄성과는 다를 수는 있는데, 논자가 생각하기에는 상호 공유적인 성격이 있어 보인다. 따라서 새로운 권력 주체의 탄생 뒤에 남은 탈-권력적 존재로서의 인간이라 하더라도 존엄을 존중받지 못할 수는 있겠지만 존엄 자체를 잃어버린 것은 아닐 수 있다는 것이다. 논자가 펼치는 데카르트의 인간의 완전성 사유로부터 인간의 존엄성으로의 연결은 인간의 존엄성을 보존하기 위한 필사적인 몸부림의 하나일 것이다. 이처럼 포스트휴먼 시대를 대비하여 이와 같은 인간의 존엄성에 관한 철학적 투쟁이 지속될 때 비로소 인간의 존엄성을 방호할 수 있는 희망의 실마리가 발견될 수 있을 것이다.

참고문헌

고지현 외(2012). 『프랑크푸르트학파의 테제들』. 경기: 사월의책.

김문정(2014). H. 요나스의 생명철학과 '생명에의 윤리'. ≪생명윤리≫, 29, 57-71쪽.

김재희(2017). 『시몽동의 기술철학: 포스트휴먼 사회를 위한 청사진』. 서울: 아카넷.

변순용(2004). 생명에 대한 책임: 쉬바이처와 요나스를 중심으로. ≪범한철학≫, 32, 1-26쪽.

이도연(2022.12.6.). 머스크의 뉴럴링크, 동물실험서 1천500마리 떼죽음…美정부 조사. ≪연합뉴스≫, https://www.yna.co.kr/view/AKR20221206058900009

이재훈(2022). 인간의 존엄성(dignitas hominis)에서 인간의 완전성(perfectio hominis)으로: 르네상스에서 데카르트로. ≪근대철학≫, 19, 5-34쪽.

이태성 외(2023.2.19.). 현대차 빈자리 꿰찬 중국…"러 전쟁 끝나도…" 암울한 전망. ≪머니투데이≫, https://news.mt.co.kr/mtview.php?no=2023021815113361607

Jonas, H.(1979). *Das prinzip verantwortung : Versuch e. ethik f.* Frankfurt : suhrkamp. 이진우 역(1994). 『책임의 원칙: 기술시대의 생태학적 윤리』. 경기: 서광사.

08
디지털 휴먼의 존재론적 전회

디지털 휴먼은 존재론적으로 선택해야만 한다. 디지털 '휴먼'으로 남아 끝까지 인간을 닮을 것인가? 아니면 결국엔 디지털 '휴먼'임에도 인간이 될 수 없어 스스로 소멸할 것인가? 이로써 디지털 휴먼의 존재론적 전회는 다시 발효된다. 디지털 휴먼은 객체로서 격상되는 것 이외에 인간 존재로서의 가능성을 물음받게 된다.

디지털 휴먼과 객체 지향 존재론

디지털 휴먼(Digital Human)의 연구 동향이 디자인학·미디어학·영상학·정보학·통신학 등의 기술적 측면에서 압도적으로 다뤄지고 있다는 사실은 인류를 현대 기술 사회라는 강물의 흐름에 어찌할 바 없이 몸을 그대로 내맡길 수밖에 없는 존재로 남게 만든다. 그런데 수천 년 전부터 인류는 강물의 흐름을 읽어 선박 기술과 항해 기술을 적극적으로 활용하여 곳곳을 누벼 왔다. 이것은 하나의 환유가 되어 우리에게 나아갈 바를 은밀히 제시하며 다가온다. 우리는 인간으로서의 정체성을 잃어버린 채로 기술 사회라는 강물에 한낱 부유물로 휩쓸려 갈 것인지, 그렇지 않으면 그 강물에 올라타 필요와 당위에 의하여 목적지로 부단히 향할 것인지의 갈림길에 서 있다. 그렇기에 도처에 수도 없이 나타나는 기술상들에 지체하지 않고 인문학적 사유가 갖은 제동을 걸어야만 하며, 이에 따라 기술학적 논의에 갇힌 디지털 휴먼에 관한 철학적 진단도 내려져야 할 운명에 놓이게 된다.

이에 객체 지향 존재론(Object-Oriented Ontology, OOO)에 근거하여 "디지털 휴먼의 존재론적 전회"를 요청하고자 하는 급진적인 철학적 사유를 내던진 김소영(2023)의 연구는 본 연구에 있어서 디지털 휴먼으로 향하는 시선에 관한 가뭄에 단비와 같은 단초를 제공한다. 김소영은 근대적이고 인간중심적인 '유아론(唯我論, solipsism)적 사고'의 철회로서 비인간 존재로의 확장된 시선의 수요를 주장하며 비인간 존재에서도 디지털 세계를 점령한 디지털 휴먼에 집중하여 논의를 전개한다(김소영, 2023, p.87).

김소영이 디지털 휴먼의 새로운 존재론을 모색하기 위하여 착안하고 있는 기반은 그레이엄 하먼(Graham Harman)의 OOO이다. 하먼은 OOO를 과학철학자 브뤼노 라투르(Bruno Latour)의 행위자-네트워크 이론(Actor-Network Theory, ANT)의 보완재로서 제시한다. ANT는 인간, 사물, 자연 등의 온 존재자들에게 '행위자(actor)'로의 동등한 지위를 부여하고, 이 행위자들 간의 관계성에 주목한다. 그로써 인간을 포함한 모든 행위자는 행위 발동이라는 요건 아래서 동등한 실재자 존재로 나열된다. 그러나 하먼은 ANT가 강조하는 '객체의 행위'보다 '객체의 존재' 그 자체로 무게중심을 이동시키며, 객체가 "동등하게 실재(equally real)"인 것이 아니라 "동등하게 객체(equally objects)"인 것에 강조점을 얹는다(Harman, 2011, p.5). 구체적으로 하먼이 지적하는 바는 ANT의 객체가 관계적 실재성을 갖음으로써 객체의 독립적 실재성이 은폐되고, 인간 없는 객체 간의 상호작용도 간과된다는 점이다. 결국 하먼은 인간에 구애되지 않고 자율적 실재성에 의하여 규정 가능한 객체에 대해 인식하며 객체의 존재론적 실재론을 구상해 간다(하승우, 2021). 하먼은 이어서 객체의 '사중 구조(quadruple structure)' 모델을 건설한다. 하먼은 먼저 OOO의 기본 원칙 내에 객체의 종류와 성질을 각각 두 종류로 구분한다. 종류는 영향력 행사와 무관하게 존재하는 '실재 객체(real object)'와 실재 객체와 관련하여 존재하는 '감각 객체(sensitive object)'로, 성질은 '실재 성질(real quality)'과 '감각 성질(sensitive quality)'로 나누어진다(Harman, 2018, p.9). 그리고 이 네 가지 극점의 분열로 '긴장(tension)'이라고 일컬어지는 '본질(essence)', '공간(space)', '형상(eidos)', '시간(time)'의 네 가지 축이 형성된다. 즉, 본질 축은 '실재 객체-실재 성질', 공간 축은 '실재 객체-감각 성질', 형상 축은 '감각 객체-실재 성질', 시간 축은 '감각 객체-감각 성질'의 긴장이다.

디지털 휴먼의 존재론적 가능성

김소영은 이러한 하먼의 사중 구조에서 드러난 네 가지 긴장 중에서 디지털 휴먼의 존재론적 가능성을 두 가지

축에 접합시킨다(김소영, 2023, pp.95-96). 첫 번째 디지털 휴먼의 존재론적 전회는 디지털 휴먼을 '감각 객체-실재 성질'의 형상 축으로 간주하는 것이다. 감각 객체-실재 성질의 존재로서의 디지털 휴먼은 감각 객체기에 인간과 같은 지각하는 객체의 경험과 인지의 영역 안에서만 관계적으로 존재한다. 따라서 여기서 디지털 휴먼은 관계적 행위성에 주목된 것으로 인간과 연결된 행위자가 되며, 김소영은 이를 브라이언트의 이론과 접목하여 "인간에 의해 생산된 생명이 없는 객체므로 타자 생산적 객체"에 해당하는 것으로 정의했다. 김소영(2023, p.95)에 따르면 하먼과 OOO를 주도한 브라이언트는 객체를 "자신의 구성 요소를 생산하면서 그 조직을 유지하기 위하여 노력하는, 즉 그것을 조성하면서 상호작용을 통해 자신을 생산하는 객체 혹은 기계"인 "자기생산적 객체"와 "다른 것에 의해 생산되는 것으로, 일반적으로 생명이 없는 객체"인 "타자 생산적 객체"로 구분하였다. 두 번째 전회는 디지털 휴먼을 '실재 객체-감각 성질'의 공간 축으로 간주하는 것이다. 실재 객체-감각 성질의 존재로서의 디지털 휴먼은 내부적 실재성을 갖춘 구성물로 간주되며, 물러나 있는 실재 객체인 디지털 휴먼이 접근 가능한 표면 성질인 디지털 인터페이스와의 융합을 통해서 드러나는 것으로 이야기된다. 또한 김소영은 다시 브라이언트의 논의를 빌려 유기체가 아니더라도 최근 디지털 휴먼이 보이는 상호작용의 적극적인 행위들을 볼 때 자기생산적 객체의 특성을 공유할 수 있으리라 보았다.

디지털 휴먼의 존재론

김소영(2023, p.98)은 나아가 디지털 휴먼의 정의를 두 가지로 확장하여 제시한다. 먼저 디지털 휴먼을 관계적 행위자로 바라볼 경우 디지털 휴먼이란 "3D 기술로 생성된 휴먼 형상의 디지털 데이터로서, 경험 속에 존재하면서 지적으로 접근 가능하며 정보의 교환으로 현실화되는 (감각 객체-실재 성질의 타자 생산적) 객체"다. 다음으로 디지털 휴먼을 실재적 구성물로 바라볼 경우 디지털 휴먼이란 "3D 기술로 생성된 휴먼 형상의 디지털 유기체로서, 스스로 존재하거나 경험 가운데 등장하면서 자기생성하는 (실재 객체-감각 성질의 자기생산적) 객체"다.

전자의 정의를 따를 때 디지털 휴먼은 단순한 '데이터'의 일종이 되며, 인간과의 지각적 관계에 의하여만 존재하게 되는 관계적 행위자가 된다. 다음으로 후자의 정의를 따를 때 디지털 휴먼은 '유기체'의 하나가 되어 인간과의 관계와 무관하게 스스로 존재하는 자율적 실재성을 지닌 객체가 된다. 이같이 ANT와 OOO에 의하여 재구성된 디지털 휴먼의 존재 위상은 분명하게 단순 기술로서의 존재 성격에 비교하여 부상된 것이다.

그러나 디지털 휴먼의 존재론은 거기에 멈춰서서는 안된다는 게 필자의 주장이다. 행위자와 객체로 인정받고 마는 디지털 휴먼이라면 어쩌면 제작 목적과는 동떨어진 판정을 받게 된 것과도 같다. 존재론적으로만 보자면 '디지털 휴먼'이라는 합성어에서 '휴먼'이 접합될 이유가 없다고 보아도 무방할 정도다. 디지털 휴먼이 지향하는 도착지는 기어코 인간이며, 그 수준과 방식은 한정되어 있지 않고 심지어 향상된 기술력도 뒷받침해 주고 있다. 디지털 휴먼은 존재론적으로 선택해야만 한다. 디지털 '휴먼'으로 남아 끝까지 인간을 닮을 것인가? 아니면 결국엔 디지털 '휴먼'임에도 인간이 될 수 없어 스스로 소멸할 것인가? 이로써 디지털 휴먼의 존재론적 전회는 다시 발효된다. 디지털 휴먼은 객체로서 격상되는 것 이외에 인간 존재로서의 가능성을 물음받게 된다.

참고문헌

김소영(2023). 객체지향존재론(OOO)에 의한 디지털 휴먼의 존재론적 전회(轉回). ≪인문콘텐츠≫, 68, 85-103쪽.

하승우(2021). 객체지향 존재론: 밋밋한 존재론인가 대상지향 존재로인가. ≪문화과학≫, 107, 182-198쪽.

Harman, G.(2011). *The quadruple object*. Alesford, Hants: Zero Books.

Harman, G.(2018). *Object-oriented ontology: A new theory of everything*. Pelican books.

09
디지털 휴먼의 인간학적 전회

디지털 휴먼이라는 기술은 흐려진 경계를 탈선하여 어떻게 인간에게로 다가오는 중인가? 또는 인간과 존재론적으로 어떠한 부분에서 유효하게 유사한가? 아니면 어떠한 지점에서 다르게 보이는가? 이에 대한 명확한 파악을 기할 때 디지털 휴먼이라는 기술상 하나로만 초점이 몰려서는 온전한 이해가 어려우며, 그렇기에 한데 뒤얽혀 나타나는 현상들을 총체적으로 바라보는 통섭적 관망을 전제하는 것이 중요하다.

디지털 휴먼, 메타버스, 인공지능

디지털 휴먼(Digital Human)이라는 기술은 흐려진 경계를 탈선하여 어떻게 인간에게로 다가오는 중인가? 또는 인간과 존재론적으로 어떠한 부분에서 유효하게 유사한가? 아니면 어떠한 지점에서 다르게 보이는가? 이에 대한 명확한 파악을 기할 때 디지털 휴먼이라는 기술상 하나로만 초점이 몰려서는 온전한 이해가 어려우며, 그렇기에 한데 뒤얽혀 나타나는 현상들을 총체적으로 바라보는 통섭적 관망을 전제하는 것이 중요하다.

여기서 디지털 휴먼에 접합된 주요 현상으로 메타버스와 인공지능을 특정해 볼 수 있다. 이승옥 외(2023, p.13)도 메타버스 시대를 대비하는 생성형 인공지능 기반의 디지털 휴먼 기술의 동향과 전망을 분석하면서 생성형 인공지능 기술이 "메타버스 환경에 사용자가 디지털 콘텐츠를 쉽게 만드는 방법론을 제공"한다고 보았으며, 그에 따라 계속된 개발로 인하여 "정말로 사람처럼 보이고, 말하고, 생각하고, 반응하는 완전한 디지털 휴먼"이 개발되리라 예측하였다. 나아가 그들은 디지털 휴먼이 종국엔 메타버스 핵심 기술이 될 것으로 판단하였다. 이연경 외(2022)도 인공지능을 기반으로 한 (디지털 휴먼의 다른 이름인) 버추얼 휴먼이 메타버스 환경에서 가수로서 등장하고 있는 상황을 직시하며 기술 간의 관련성을 간접적으로 드러내고 있다. 따라서 디지털 휴먼이 흐려진 경계를 건너 인간으로 질주하는 전향성을 디지털 휴먼을 둘러싼 기술 환경 세계로부터 해석해 보고자 한다.

메타버스, 현실과 가상 환경의 융합

첫 번째, 디지털 휴먼의 환경 세계인 메타버스로부터는 디지털 가상 세계와 현실 세계와의 융합성을 포착하게 된다. 코로나 사태를 거치며 메타버스로 우르르 쏠렸던 관심이 일시적이기에 금방 수그러들 거라던 혹자의 비평은 반은 명철했고 반은 섣불렀다. 애당초 메타버스는 경제 산업 분야로부터 사적인 측면에서 주목을 받기 시작했으나, 오히려 그 중요성이 공적인 측면에서 인정받으면서 국가 정부로부터 담론이 형성되고 있다. 이는 현재 가치보다 미래 가치에 대한 공공적인 투자로 예견된다. 더군다나 메타버스를 향한 국가로부터 형성되고 있는 담론은 윤리학에 뿌리내리고 있다. 그 과정을 보면 먼저 2022년 11월에 과학기술정보통신부를 주축으로 하여 「메타버스 윤리원칙」이 고안된다. 해당 원칙의 목표는 "① 메타버스 생태계 조성에 참여하는 모든 구성원이

참조·활용할 수 있는 일반적이고 보편적인 원칙 제시, ② 메타버스의 고유한 특징으로 유발되는 윤리적 이슈에 집중, ③ 생태계의 중장기적 발전을 지원하는 정부 정책의 방향에 부합하는 미래지향적이고 글로벌 정합성 높은 원칙 마련"이다(과학기술정보통신부, 2022).

목표는 순서대로 보편성, 윤리성, 미래성으로 대변될 수 있다. 이를 볼 때 공적 집합체인 국가에서 메타버스 생태계의 보편적인 확장성을 고려하고 있으며, 이에 대하여 윤리적 입장을 견지하는 것을 핵심 사안으로 살펴보고 있으며, 그러한 관점이 현실에 관한 성급함에서 도출되지 않고 미래를 향한 신중함에서 근거하고 있음을 명확히 발견할 수 있다. 여기로부터 분명하게 느껴지는 바는 디지털 휴먼의 활동 세계인 메타버스가 〈매트릭스〉(1999)나 〈레디 플레이어 원〉(2018)과 같은 SF 영화 속에서만 볼 법한 환상의 공간이라는 괴리감이 대단히도 절감되었다는 사실이다. 바꿔 표현하여 원근감이 확연했던 메타버스라는 세계가 인간의 실세계 속으로 한층 스며들었다고 생각할 수 있는 것이다.

이러한 의지의 지속성은 최근 과학기술정보통신부가 개최한 '메타버스 실천윤리 심포지엄'에서 반영되어 나타났다. 해당 심포지엄에서는 앞선 메타버스 윤리 원칙의 후속이자 현장 적용을 위한 구체적인 내용 요소에 해당하는 '메타버스 실천윤리' 발표에 대한 논의가 이루어졌다. 메타버스에 관한 담론이 일회성으로 종료되지 않은 것에 모자라 무엇보다 뿌리내려졌던 윤리학적 측면이 특히나 '실천윤리'로 향하는 모습을 조명할 필요가 있다. 인간의 '행위'를 다루는 윤리는 그 자체로도 생활에 밀접한 연관을 보이는데, 그 갈래에 있는 실천윤리는 인간 삶의 실천적인 영역을 직접적으로 다룬다. 이로써 비롯되는 사실은 메타버스 '윤리' 원칙이 고안되고, 메타버스 '실천윤리'가 발표되는 현실로부터 디지털 휴먼의 활동 세계이자 디지털 가상 세계인 메타버스가 인간의 삶과 매우 근접해지고 있다는 점이다.

단순하게 현실 세계와 가상 세계의 형태적 반복이 아닌 철학적 융접은 어떤 식으로 논증되고 있는가? 윤현정 외(2021)가 가지고 있는 메타버스에 관한 관점을 목도해보자. 그들은 '가능 세계' 이론으로부터 메타버스를 유형화한다. 가능 세계 이론에서 문학의 허구 세계는 모방이론에서 생각되던 바와 달리 현실 세계와 현격히 분리되고 배격되지 않으며, 또한 나름의 세계성을 보유하기도 한다. 해당 이론에는 현실 세계인 실제 세계(Actual World, AW), 텍스트상에 구현되어 존재하는 텍스트 실제 세계(Textual Actual World, TAW), TAW를 통해 유추할 수 있는 텍스트 지시 세계(Textual Reference World, TRW)가 있다. 여기서 착안된 메타버스에 관한 가능 세계적 관점은 문학의 허구 세계와 비교할 때 AW는 '실제 세계'로, TAW는 '컴퓨터 기술로 구현된 세계'로, TRW는 '사용자에 의해 경험되고 생성될 수 있는 세계'로 대응된다(윤현정 외, 2021, p.66). 이로부터 '독립형', '액자형', '경계형', '대체형'의 네 가지 유형으로 구분되는데, 이들은 형태만 다를 뿐 메타버스라는 가상 세계 안에서 개발자와 사용자라는 두 주체가 AW와 TAW라는 두 세계와 깊이 상호작용하여 TRW를 새롭게 생성하고 경험하는 순환이 지속된다는 공통적인 특질을 보유하고 있다. 즉, 메타버스는 현실 세계의 일방적이고 고정적인 모방 세계에 그치지 않고 쌍방적이고 가변적인 확장 세계로 자리매김한다. 제인 베넷(Jane Bennett)의 생기적 유물론(Vital Materialism)으로 메타버스의 행위성을 바라본 김소영(2022, p.169)도 메타버스는 "물리적 현실 세계와 동떨어진 초월적 가상의 세계만을 의미하지 않는다"고 분석하며, "자연과 디지털이 만난 융합적 생태 시스템으로 등장한 상호 세계로서, 수많은 행위소들이 우글거리는 확장된 세계"라고 표현한다. 그러한 논의들에서 정리되는 메타버스의 융합적 특성은 현실 세계와의 비원격성, 상호성, 확장성이다. 다시 말해서 지금의 메타버스는 현실 세계와 이분법적으로 떨어져 있지 않으며, 현실 세계와 서로 영향을 주고받는 동시에, 현실 세계의 기존의 입지를 팽창하는 디지털 가상 세계로 해석할 수 있다.

디지털 휴먼, 현실과 가상 육체의 융합

두 번째, 디지털 휴먼의 육체인 디지털 휴먼 자체로부터 디지털 가상 육체의 현실 육체와의 융합성을 확인하게 된다. 기술은 인간의 전통적인 몸을 해체하고 몸의 새로운 이해를 돕는데, 현재는 디지털 기술이 대표적으로 인간의 존재 방식에 큰 변화를 가져오며 새로운 형태의 몸을 등장시켰다(심귀연, 2018, p.170). 이수안(2015, p.429)이 "지금의 테크놀로지 환경 속의 인간을 테크노 휴먼이라 칭하고 이 테크노 휴먼의 몸을 테크노 바디"로 제시하고 있는 것은 인간 몸에 관한 이러한 이해 양상의 결과물일 것이다. 그러면서 이수안은 테크노 바디를 디지털 미디어 테크노 바디, 바이오 테크노 바디, 가상 신체로서의 테크노 바디로 구분하는데, 디지털 휴먼은 이 유형에 따르면 가상 신체로서의 테크노 바디로 분류될 수 있다. 가상 신체로서의 테크노 바디가 "디지털 테크놀로지와 결합된 테크노 휴먼 몸 중에서 몸의 물질성(corporeality)을 갖지 않는 몸"이라는 이수안(2015, p.445)의 정의에 따르면 가상 신체의 으뜸가는 특성은 바로 탈물질성이다. 그렇다고 하여 가상 신체인 디지털 휴먼은 인간의 현실 세계와 육체와 완전히 분리되지 않는다. 이는 인간을 몸으로 세계를 이해하고 인식하는 몸적 존재로 판단하는 메를로-퐁티(Merleau-Ponty)의 철학을 통해 극명히 드러난다. 잘 알려져 있듯이 메를로-퐁티는 『지각의 현상학』에서 인간을 '세계-에로-존재(être-au-monde)'로 정의하는데, 이는 세계에 '거주하는' 동시에 세계로 '나아가는' 인간의 실존적 초월 운동을 나타내고 있다(Merleau-Ponty, 2002). 따라서 인간의 몸은 세계와 긴밀히 연결되어 있으며, 이는 메타버스와 같은 디지털 가상 세계에서도 마찬가지이다. 몸이 거주하는 장소인 공간에서 인간은 몸을 통해 공간을 지각하고 체험하며 공간과 영향을 주고받고 소통하며 나아간다. 이를 디지털 가상 세계인 메타버스로 치환할 때 메타버스는 디지털 가상 육체인 디지털 휴먼이 거주하는 공간인 동시에 디지털 휴먼이 지각하고 체험하며 영향을 주고받고 소통하며 나아가는 공간이 된다. 이때 변화하는 세계에 익숙해지기 위해 사물과 협응하며 변화를 지속하는 몸인 인간의 개방적인 현실 육체는 디지털 가상 육체의 가상성과 융합하게 된다. 이로써 인간은 몸을 버리고 디지털 가상 세계로 뛰어드는 게 아니라 디지털 가상 육체와 현실 육체를 융합하며 새로운 경험의 세계를 만들어가는 것이다.

이때 인간의 현실 육체가 디지털 가상 육체인 디지털 휴먼과 관계 맺고 융합하는 방식은 크게 두 가지다. 본 장의 1절에서 디지털 휴먼의 정체성을 기준으로 분류한 것에 따라 하나는 디지털 휴먼이 인간의 현실 육체의 대체재로서 존재하는 '디지털 휴먼 객체'와의 관계며, 다른 하나는 디지털 휴먼이 고유의 정체성을 보유한 '디지털 휴먼 주체'와의 관계다. 먼저 전자는 인간과의 확장적 관계 성격이 짙은 융합 방식이다. 손 인형극이라는 세계 안에 우리는 인간의 현실 육체로 오롯이 투입될 수 없다. 손 인형극의 세계 안에 투입되고자 한다면 반드시 손 인형이라는 확장적 매개체와의 융합을 통해서만 가능하다. 이처럼 첫 번째 관계 형식은 미디어를 인간의 확장으로 본 마셜 매클루언(Marshall McLuhan)(2011)의 논의처럼 디지털 가상 세계 안에 현실 육체를 그대로 끌고 들어갈 수가 없어 현실 육체를 디지털 가상 육체로 확장하여 융합된 상태로 나아가는 것이다. 다음으로 후자는 인간과의 소통적 관계 성격이 강한 융합 방식이다. 지금 제작되고 있는 디지털 휴먼은 인간과의 의사소통과 상호작용을 목표로 하고 있다. 실제 은행이나 식당에서 서비스를 안내하는 디지털 휴먼이 그렇고, 소셜 미디어에서 사람들의 댓글에 다시 댓글을 달거나 실시간으로 채팅하는 디지털 휴먼이 그렇다. 따라서 두 번째 관계 형식은 현실 세계와 디지털 가상 세계를 가리지 않고 현실 육체와 디지털 가상 육체가 교류할 수 있는 융합 상태다.

인공지능, 현실과 가상 정신의 융합

세 번째, 디지털 휴먼의 정신인 인공지능으로부터는 디지털 가상 정신과 현실 정신과의 융합성을 포착하게 된다. 디지털 휴먼과 인공지능의 관계는 제작물과 제작 기술의 관계기도 하며 디지털 가상 육체와 디지털 가상 정신의 관계기도 하다. 다시 말해서 디지털 휴먼을 제작하는 과정에서 인공지능이 다양한 공정에서 유의미하게 쓰이기도 하지만, 인공지능이 디지털 휴먼이라는 디지털 가상 육체인 껍데기를 이성 작용이 가능한 주체로 만들기도 한다는 것이다. 따라서 디지털 휴먼의 존재론적이고 인간학적인 전회를 위해서는 인공지능의 정신으로서의 존재 가능성이 되물어져야 한다. 물론 인공지능이 진정 자의식을 가지고 있으며, 자유의지가 있으며, 감정을 내포한 공감이 가능한가에 대해서는 아직 회의적인 입장이 다수 존재한다. 특히 인공지능 기계와 사람 사이의 소통 가능성 문제에서 비판을 많이 받고는 하는데, 대표적으로 존 설(John Searle)의 '중국어 방 논증' 사고 실험이 인간의 의사소통에 있어서 실제로 중요한 의미론은 무시한 채 구문론에 의하여만 답변하는 기계의 소통 방식에 비판을 가하는 실례다. 이는 안윤기(2019)가 순전히 인과 법칙에 따라 작동하는 인공지능 기계는 소통 행위자에게 요구되는 영혼이 없으므로 소통 행위의 송신자와 수신자가 반드시 될 수 없다고 고찰한 것과 유사하다. 그러나 이와 같은 논변을 뒤집어 놓는다면 정신의 구성 요소를 온전히 파헤치지 못한 현실에서 비추어 볼 때 인공지능 기계의 결과론적인 이성 작용이 높은 차원의 현상으로 나타나고 있다는 사실을 쉽사리 무시할 수 없음도 자명해진다.

우선 알파고 쇼크와 챗지피티(ChatGPT) 쇼크라는 일련의 사건이 인공지능의 확실한 성장세와 강력한 영향력을 보여 주고 있다. 이 덕분에 디지털 시대 안에서도 질적인 변화와 변형의 단계를 구분해야 할 필요성이 요청되고 있으며, 이에 변순용(2023)은 그 같은 시대의 요청에 따라 인공지능 변형을 구분한다. 그러면서 변순용(2022, p.104; 2023, pp.67-71)은 인공지능을 '지식생산의 새로운 주체'로 묘사하며 그 가능성에 물음을 다음과 같이 던지고 답한다.

첫 물음은 '도덕적 상식(Commonsense Moral)의 의미'에 대한 물음이다. 인공지능 개발 연구 중에서도 도덕적 상황에서 판단과 추론을 할 수 있는 인공지능을 개발하기 위한 노력도 진행되고 있다. 3만2000개의 실제 일화에 대한 62만5000개의 윤리적 판단을 담은 대규모 데이터 세트 '스크루플스(SCRUPLES)'를 마련한 로리 외(2021), 다양한 텍스트 시나리오에 광범위한 도덕적 판단을 예측하는 데이터 세트 '에식스(ETHICS)'를 제공한 헨드릭스 외(2021), 사회적 추론 연구를 위한 구조화된 내러티브의 데이터 세트인 '모럴 스토리스(Moral Stories)'를 고안한 에멜린 외(2020), 언어 기반 상식적인 도덕적 추론을 위한 프로토타입 모델인 '델피(Delphi)'를 개발한 장 외(2021)의 연구가 그러한 노력의 결과라고 볼 수 있다. 인간의 고유한 도덕 판단 능력과 동등한 것으로 보기에는 어려움도 존재한다는 점을 유의해야 하지만(변순용, 2023, p.69), 선행 연구들로부터 비롯될 수 있는 인공지능의 판단 방식이 분명 도덕적 상식에 의한 판단이라고 볼 수는 있다는 점에서는 유의미한 측면이 있다.

이어지는 물음은 '연역적, 귀납적 사고의 대체 가능성'에 대한 물음이다. 인공지능은 도서관이나 서점 등의 물리적 장소로부터 정보를 취득하였던 1세대 검색과 인터넷에서 키워드를 입력하여 정보를 얻었던 2세대 검색의 전통적인 검색 방식을 진화시켰다(양지훈 · 윤상혁, 2023, p.2). 같은 디지털 시대더라도 인터넷 기반의 2세대 검색이 단순히 a, b, c, d, …, n을 나열하였다면 생성형 인공지능에 기반한 3세대 검색은 a, b, c, d, …, n이라는 정보에 대한 추론과 판단을 거쳐 검색자의 요구에 알맞은 결괏값을 내놓는다(변순용, 2023). 이는 편의성과 신속성의 효용적 가치는 차치하고 본다면 검색자인 인간의 능력을 대신한 것과 다르지 않으며, 따라서 정도와 위력의 차이를 뒤로한다면 인간의 사고 능력 일부가 대체된 것과도 같다.

그러면 발전 속도의 문제가 있겠지만 미래를 예측해 볼 시에 인공지능이 디지털 휴먼의 가상 정신으로서 인간의 현실 정신과 어떻게 융합될 수 있는가? 첫째, 인간의 정신적 확장으로서 융합될 수 있다. 디지털 시대의 인간은 각종 디지털 기술이라는 '외뇌(外腦)'를 가지고 있다고 표현되곤 한다. 그만큼 인간의 정신 활동에서 디지털 기술의 역할이 증폭되고 있음을 뜻하며, 해당 역할에서 인공지능의 비중은 날로 커지고 있다. 디지털 휴먼 중에서도 인간의 디지털 가상 육체로의 확장인 '디지털 휴먼 객체'에 적용된 인공지능은 디지털 가상 정신으로서 인간의 현실 정실 활동과 깊은 융합을 이루게 된다. 상황을 가정해 보자. 사람 A는 메타버스 환경에서 디지털 휴먼의 몸을 빌려 가상의 동물원으로 체험하러 왔다. 도착하자마자 인공지능은 사람 A가 좋아하는 동물 순위, 경로 효율성, 방문자 수 등을 분석하여 추천 코스를 제시한다. 추천 코스를 따라 이동하다 모르는 동물을 발견하자 인공지능에 물어보니 동물을 인식하고 추론하여 자연스럽게 레서판다에 대한 정보를 창으로 띄워 준다. 체험을 마치자 인공지능이 가상의 동물원에서 찍은 여러 장의 사진 중에서 사람 A가 평소에 올리던 사진의 특성을 분석하여 소셜 미디어에 올리기 좋은 사진을 선정해 주고 사람 A는 바로 소셜 미디어에 게시한다. 위와 같은 상상은 인공지능이 디지털 가상 정신으로서 인간 현실 정신과의 융합 가능성을 시사하게 된다. 둘째, 인간과의 소통 대상으로서 융합될 수 있다. 이는 인공지능이 고유한 정체성을 가지고 있는 '디지털 휴먼 주체'의 직접적인 정신 기능을 담당하게 되는 경우다. 간단하게 말하면 인간과의 의사소통과 상호작용을 위하여 대화형 인공지능 기술이 탑재된 디지털 휴먼이 그에 속한다. 이들은 현실 세계에서도 디지털 가상 세계에서도 인간과 스스럼없이 소통한다. 때로는 인간에게 유용한 정보를 제공하기도 하고, 때로는 인간의 의사 결정 능력을 보좌하기도 하며, 때로는 인간과의 공감적 대화를 통해 감정적인 교류를 하기도 한다. 이러한 기능은 기존의 인공지능이 이미 수행하고 있으나 디지털 휴먼이 적용되면 이와 같은 모습이 예견될 수 있다. 예를 들면 인공지능이 탑재된 스피커 대신 인공지능이 탑재된 모니터가 거실에 위치하고 모니터에는 디지털 휴먼이 자리하여 청각적 교류에 시각적 교류가 더해진다. 또 다른 예를 들면 웹이나 앱상의 인공지능 챗봇 대신 메타버스에 구현된 인공지능 디지털 휴먼을 만나 언어적 소통 기반의 교류에 비언어적 소통까지도 추가된다.

참고문헌

과학기술정보통신부(2022). 창의와 혁신의 메타버스 생태계 협력적 진화를 지원하는 메타버스 윤리원칙.

https://www.msit.go.kr/bbs/view.do?sCode=user&mId=113&mPid=112&bbsSeqNo=94&nttSeqNo=3182405
김소영(2022). 생기적 유물론으로 바라본 메타버스의 행위성. ≪인문콘텐츠≫, 64, 153-171쪽.
변순용(2022). 지식 생산과 소비의 새 플랫폼으로서의 유튜브의 윤리적 문제에 대한 연구. ≪인공지능인문학연구≫, 12, 101-118쪽.
변순용(2023). 초거대 생성형 인공지능의 윤리적 문제. ≪인공지능인문학≫, 14, 63-82쪽.
심귀연(2018). 메를로-퐁티 철학의 관점에서 본 기술과 몸. ≪철학논총≫, 91, 163-185쪽.
안윤기(2019). 소통, 이성 그리고 인공지능. ≪인공지능인문학연구≫, 3, 99-120쪽.
양지훈·윤상혁(2023). ChatGPT를 넘어 생성형(Generative) 인공지능 시대로: 미디어·콘텐츠 생성형 인공지능 서비스 사례와 경쟁력 확보 방안. (Vol. 55) 한국정보통신전파진흥원. https://www.kca.kr/Media_Issue_Trend/vol55/KCA55_22_domestic.html에서 2023. 12. 10 인출.
윤현정 외(2021). 메타버스 개념과 유형에 관한 시론: 가능세계 이론을 중심으로. ≪인문콘텐츠≫, 62, 57-81쪽.
이수안(2015). 테크노 휴먼 형상으로서 테크노 바디의 존재양식: 감각과 신체성을 중심으로. ≪인문학논총≫, 39, 427-452쪽.
이승옥 외(2023). 메타버스 시대를 위한 생성형 인공지능 기반 디지털 휴먼 기술 동향 및 미래 전망. (2023-33). 정보통신기획평가원. https://www.itfind.or.kr/WZIN/jugidong/2109/file5474559689977209148-2109(2023.09.27)-33.pdf
이연경 외(2022). 메타버스를 이용한 버추얼 가수의 유형 제시 및 현황 연구. ≪한국엔터테인먼트산업학회논문지≫, 16(6), 107-121쪽.

Emelin, D., et al.(2020). Moral stories: Situated reasoning about norms, intents, actions, and their consequences. *arXiv preprint arXiv:2012.15738.*

Hendrycks, D., et al.(2021). Aligning AI with shared human values. *arXiv preprint arXiv:2008.02275.*

Jiang, L., et al.(2021). Can machines learn morality? The delphi experiment. *ArXiv, abs/2110.07574.*

Lourie, N., et al.(2021). Scruples: A corpus of community ethical judgments on 32,000 real-life anecdotes. *In Proceedings of the AAAI conference on artificial intelligence*, 35(15), pp.13470-13479.

McLuhan, M.(2003). *Understanding media : the extensions of man.* CA : Gingko Press. 김상호 역(2011). 『미디어의 이해: 인간의 확장』. 서울: 커뮤니케이션북스.

Merleau-Ponty, M.(1945). *Phenomenologie de la perception.* Paris: Gallimard. 류의근 역(2002). 『지각의 현상학』. 서울: 문학과지성사.

10
AI 시민을 위한 디지털 휴머니즘

인간이 기술로 향하는 지점과 기술이 인간으로 기우는 지점은 서로 어떻게 용해되어 새로운 결과물로 거듭날 수 있는가? 즉, 이들을 아우르는 디지털 휴머니즘이란 도대체 무엇인가?

디지털 휴머니즘의 인간학적 의미

인간이 기술로 향하는 지점과 기술이 인간으로 기우는 지점은 서로 어떻게 융해되어 새로운 결과물로 거듭날 수 있는가? 즉, 이들을 아우르는 디지털 휴머니즘(Digital Humanism)이란 도대체 무엇인가? 일단 오해의 소지를 줄이기 위하여 첨언하자면, 인간학으로서의 디지털 휴머니즘은 인간을 디지털 휴먼(Digital Human)화시키고 디지털 휴먼을 인간화시키려는 운동인 '디지털 휴먼-이즘(Digital Human-ism)'이 아니며, 디지털 시대에 요구되는 인간 역량을 찾는 '디지털 (시대) 휴먼-이즘(Digital (Era) Human-ism)'도 아니다. 따라서 굳이 따지자면 '디지털-휴머니즘(Digital-Humanism)'으로 보아야 적절하며, 이제 디지털 휴머니즘은 비로소 인간학의 한 갈래가 된다. 결론적으로 인간학으로서의 디지털 휴머니즘을 정초해 보자면 '디지털 기술과의 관계'로부터 '진정한 인간성'을 '찾아가는 과정'이라고 할 수 있겠다. 하나씩 풀어 보자면 첫째, 디지털 휴머니즘은 디지털 기술 환경 세계에 대한 온전한 이해로부터 시작해야 한다. 디지털 휴머니즘의 출현 배경 자체가 디지털 기술의 성장이 불러일으킨 인간 이해의 새 물음 때문이었으므로 각 디지털 기술의 본질을 또렷이 바라보는 것이 첫

걸음이 되어야 한다. 그리고 둘째, 디지털 휴머니즘은 디지털 기술로부터 인간의 본질을 한 겹씩 벗겨 내야 한다. 본질은 변하지 않기에 본질이며, 따라서 디지털 기술이 인간의 본질을 변화시키는 게 아니라 은폐되어 있던 인간의 본질을 탈은폐시키는 것이다. 쉽게 말하여 원래부터 그랬으나 숨겨져 있어서 이전에는 알지 못했던 인간성을 그제야 발견하게 되는 것과 같다. 다만 디지털 휴머니즘에서 규명하고자 하는 인간 본질은 정의된 채로 고정되어야만 했던 근대적 인간관과는 분명 다르게 여겨져야 할 것이다. 이로써 셋째, 디지털 휴머니즘은 그러한 물음을 끊임없이 수행하여야만 한다. 말한 바와 같이 진정한 인간성의 의미를 규정하는 것을 섣부르게 종결하려 하는 순간 근대적 인간학의 문제가 재발하게 된다. 포스트휴머니즘(posthumanism)과 같은 인간학이 탈근대성 담론을 견지하고 있음은 바로 인간의 규정으로 인한 비인간의 규정, 그리고 그로 인한 역기능 때문이었다. 그러나 인간 본질을 향한 끝없는 탐구 가능성은 역설적이지만 인간 본질을 함부로 결정하지 않으므로 과오(過誤)를 비껴갈 수 있게 된다.

디지털 휴머니즘이 지니는 인간 규정에 관한 지연(遲延)적인 태도에도 불구하고 조금 더 구체적으로 디지털 휴머니즘이 인간을 어떻게 이해하고 바라볼 수 있는지 신중히 접근해 보자. 일단 디지털 휴머니즘이 인간을 이해하는 배경에는 인간과 비인간 (그중에서도 디지털 기술) 사이의 '흐려진 경계(blurred boundary)' 관계가 선명해지고 있음이 전제된다. 이러한 배경 위에서 우선 디지털 휴머니즘은 근대적 인간관에서 규정되고 있는 인간의 존엄성, 자유성, 이성성, 보편성, 주체성, 창의성, 중심성 등을 인간 성격으로 인정하는 동시에 디지털 사회 변화 양상에 따른 인간 성격의 수정 가능성도 주장한다. 이에 더하여 디지털 휴머니즘은 근대의 시선과는 다르게 그러한 성격을 보유할 수 있는 인간의 범위가 인공지능, 디지털 휴먼 등의 디지털 기술까지 확장될 수 있다는 잠재성까지도 같이 고려한다. 이러한 관점은 근대 사회에서 이루어진 인간 규정의 한계를 극복하고 인간과 비인간의 경계를 허물어 인간을 비인간과 동등한 지위에 놓으려는 포스트휴먼(posthuman) 담론의 현대적 인간관과도 유사하다.

디지털 휴머니즘의 성격

이처럼 근대적 인간상의 벽을 뛰어넘고자 했던 포스트휴먼 연구의 기조를 유지하되, 포스트휴먼 연구에서 나타나는 현재와 미래의 틈을 보완하며, 디지털 휴먼 기술의 존재론적이고 인간학적인 전회 가능성을 고려하는 차원에서 디지털 휴머니즘이 가지는 성격은 다음과 같다. 첫째, 디지털 휴머니즘은 횡단적(Transversal) 성격을 갖는다. 펠릭스 가타리(Felix Guattari)가 고안한 횡단성 개념을 발전시킨 질 들뢰즈(Gilles Deleuze)는 '횡단선'을 다자(多者)를 일자(一者)로 환원시키지 않으면서 다자를 전체로 통합하지 않지만 독특한 통일성을 가지고 각각을 긍정한다고 설명한다(Deleuze, 2004, p.193). 그렇게 횡단성은 차이 나는 것들의 경계를 돌파하고, 가로지르고, 관통하는 운동성이며, 그러한 운동의 결과로 생성된 구성물이다. 그렇다고 하여 가로질러진 것들의 차이는 홀연히 소멸하지 않으며 오히려 모든 차이는 긍정된다. 따라서 횡단성은 총체성 없는 통일성이며, 횡단적으로 존재하는 것은 단일 범주나 독립된 여러 범주로 설명되지 않으며 여러 범주의 얽혀 있는 교차로 온전히 이해되어야 한다(문규민, 2022). 이러한 관점에서 디지털 휴머니즘 안에서는 인간과 여러 비인간의 차이가 모두 긍정되는데, 이는 단순히 수평적인 층위에 있기 때문이 아니라 횡단적인 평면에 있기 때문이다. 따라서 디지털 휴머니즘에서는 디지털 기술의 발전으로부터 출현하는 무수한 비인간과의 전통적인 위계질서도 당연한 것으로 전제하지 않는다. 그뿐만 아니라 이전과 달리 비인간들 각각의 차이도 오롯이 긍정된다. 반대로 말한다면 인간의 여러 차이도 긍정되는데, 그로써 디지털 휴머니즘의 횡단성은 비판적 포스트휴머니즘의 것과는 다르게 인간중심주의의 생존 가능성을 동의하기도 한다. 이를테면 인간이 비인간과 존재론적 층위에서는 동등한 지위를 갖고 있다고 보더라도 도덕적이고 윤리적 층위에서 갖는 지위는 엄연히 다르다고 할 수 있다. 따라서 인간의 도덕성과 윤리성이 인간중심주의를 폐지하지 않고도 그 한계를 극복해 갈 수 있는 실마리로 남아 있는 것이다. 즉, 근대적 인간중심주의의 한계를 명백히 인정하지만, 반드시 포스트휴머니즘처럼 탈인간중심주의에서부터 출발하지는 않는 것이다. 한편 횡단성 내에서 디지털 휴먼을 포함한 디지털 기술은 인간과의 접촉 경계면 속에서 인간을 온전하게 이해할 수 있도록 인간과 함께 다른 존재들 사이를 횡단하며 연결하는 역할을 한다(신승철, 2017, p.200). 그로써 디지털 휴머니즘 하에서 디지털 기술은 인간을 총체적으로 이해하는 또 하나의 인간학적 연결고리가 된다.

둘째, 디지털 휴머니즘은 책임적(Responsible) 성격을 갖는다. 현대적 트랜스휴머니즘(transhumanism)을 정립한 것으로 알려진 막스 모어(Max More)는 트랜스휴먼(transhuman)의 조건으로 인간 향상이라는 목적과 과학과 기술이라는 수단을 거론한다(박소영, 2019; More, 1990). 그리고 디지털 휴머니즘은 그들이 말하는 포스트휴먼이라는 결과에 도달하기 위한 트랜스휴먼으로서의 수단과 목적 자체에서 문제를 발견하지는 않는다. 그러나 이행하는 과정과 현상된 결과에서 날카로운 비판적 의문들을 던진다. 이미 1957년에 트랜스휴머니즘이라는 용어를 언급한 줄리언 헉슬리는 트랜스휴먼으로서 인간이 한계를 초월해야 하는 당위성으로 지구의 최종 관리자로서의 인간에게 다른 존재들을 돌볼 능력, 즉 책임이 필요하다는 점을 꼽았다(박성원 외, 2019, pp.209-210). 그런데 정작 인간 향상의 과정에서 다른 존재들을 거칠게 다루는 행태가 점증하였고, 디지털 기술 시대에서도 이는 여전하였다. 또한 트랜스휴머니즘 운동의 초입에서는 주로 기술을 이용하여 육체를 강화하는 방안이 주로 강구되었다면, 디지털 기술이 발전하게 되면서는 육체에 더하여 정신을 향상하는 방법으로 그 범위가 넓혀졌다. 그러나 이를테면 뇌에 칩을 이식하는 침습적인 방식으로 컴퓨터와 연결하려는 움직임만

해도 단연 무수한 임상의 단계를 거쳐야만 할 것이다. 하지만 그 같은 성장에는 진통이 따르는 법이기에 이를 관리하기 위하여 부단한 노력이 요구된다. 그러므로 도덕적이고 윤리적인 층위에서 인간이 갖는 특수한 지위에 대하여 책임이 필수적으로 요청된다. 변순용(2004, p.154)이 "책임은 인간 존재의 본질적 특징"에 속하며, "인간만이 책임질 수 있는 존재"라고 논한 것도 그러한 맥락으로 보인다. 이미 오래전 요나스는 인간의 윤리가 과학기술의 발달을 따라가지 못하리라는 경고를 던졌고 실제로 현대 기술 사회의 새로운 문제들은 실천윤리학의 필요성을 환기하고 있는데(변순용, 2004; 2014), 그 안에서도 책임 윤리는 버팀목으로서 작용할 수 있다. 따라서 디지털 기술이 디지털 변형(Digital Transformation), 인공지능 변형(Artificial Transformation)과 같은 용어가 사용될 정도로 인간 삶의 거대한 질적 전환을 일으키고 있는 현실에서 그로 인하여 다양한 양상의 문제를 관리하기 위하여 책임은 대단히 주요하다. 특히 여기서 지칭하는 책임은 단지 인류에 대한 책임을 초월하는 비인간까지도 포함한 모든 존재에 대한 책임이 되어야 할 것이다.

셋째, 디지털 휴머니즘은 구성적(Constructive) 성격을 갖는다. 디지털 휴머니즘은 인간을 특정한 존재로 성급하게 고정하는 것에 지대한 염려를 드러낸다. 인간 본질 규정에 있어서 머뭇거림과 주춤거림의 필요성은 철학적 인간학의 관점으로부터 연장된다. 일전에 서술하였던 대로 철학적 인간학자인 막스 셸러(Max Scheler)(1976, p.66)가 인간을 "고정된 존재"가 아니라 "개방된 존재(Weltoffennes Wesen)"라고 부른 의도를 곱씹어 보아야 한다. 진교훈(2015, pp.89-90)은 셸러의 의도로부터 일의(一義)적으로 정의될 수 없고 완전히 파악될 수 없는 인간 본질의 여백을 발견한다. 그리하여 인간은 끊임없이 인간 본질의 여백을 채워 가야 하는 구성적인 존재로서의 가능성을 부여받을 수 있게 된다. 다시 말해서 인간을 단편적이고 일면적인 수준에서 파악하고자 하는 시도는 대단히 위험한 처사다. 플레스너(Plessner)의 판단처럼 '탈중심성(Exzentrizität)'을 보유한 존재인 인간으로서 응당 계속해서 밝혀지는 인간의 본질들을 총체적으로 연결 짓는 구성적인 능력을 발휘해서 인간을 규정해 가야만 한다. 그런즉 매 순간 스스로 구성해 가는 존재로서의 인간에게 환경의 변화는 또 다른 본질을 탐구할 기회를 제공하게 될 것이다. 디지털 시대에는 디지털 기술 환경이 그 기회를 특히 마련하고 있으며, 본 연구는 그중에서도 디지털 휴먼이라는 기술상을 통해 인간 본질의 여백에 점을 찍어 보고자 했다고 피력할 수 있다. 한편 인간과 비인간인 디지털 휴먼의 융합 가능성은 면밀하게 살펴보되 본 연구만으로 디지털 휴먼은 '인간이다', '인간이 아니다'를 명확하게 결론 내리지 않음은 진리의 꺼풀을 벗겨 내기에는 아직 디지털 기술의 변화 가능성이 무궁하여 구성해 가야 할 무수한 여백이 남아 있기 때문이겠다. 이처럼 디지털 휴머니즘은 디지털 휴먼 외에도 여타 디지털 기술의 예측하기 어려운 변화를 계속해서 좇아가며 인간이란 무엇인지를 직접 구성해 가야 한다.

여기서 놓치면 안 되는 것이 구성적 성격 안에서 비롯되는 디지털 휴머니즘의 담론적 성격을 주시하는 것이다. 예를 들면, 디지털 휴머니즘은 포스트휴먼 연구의 주요 논점인 인간중심주의나 탈인간중심주의의 한 입장에 근거하거나 치우치지 않으며 양자의 공립 가능성을 고려한다. 인간중심주의와 탈인간중심주의가 내세우는 원칙은 모두 나름의 합리적인 논증 구조를 갖는다. 돌려 생각하면 두 입장은 양극단의 무언가가 아니라 진실의 각각 다른 면을 탈은폐시키는 중인지도 모른다. 결과 그림을 모르고 퍼즐을 맞추다 보면 완성된 그림을 상상해 보게 되는데, 퍼즐의 한 조각만 보는 것보다는 여러 조각을 연결 짓고 유추하는 것이 조금이라도 결과에 근접할 것이다. 그러기 위해서는 내가 가지고 있는 퍼즐 한 조각만 고집스럽게 쥐고 있어서는 안 될 것이며 나의 퍼즐 조각과 다른 사람의 퍼즐 조각을 공유해야 할 것이다. 이처럼 디지털 휴머니즘은 디지털 기술 환경으로부터 논의되는 인간 이해의 여러 퍼즐 조각을 공유하여 디지털 시대의 인간성이라는 결과물을 다양한 측면들을 종합해 가며 빚는다. 여기서 퍼즐 조각을 공유하는 목적과 방식이 중요해진다. 어떤 이는 퍼즐 게임에서의 자신만의 성공적인 승리를 위하여, 누군가는 공동의 작업을 통해 퍼즐 자체를 완성하기 위하여 퍼즐을 공유하고 완성해 간다. '퍼즐 조각의 공유'를 하버마스(Jurgen Habermas)가 말하는 '사회적 행위'라고 본다면 전자는 '전략적 행위', 후자는 '의사소통 행위'의 목적이라 할 수 있을 것이다. 그리고 디지털 휴머니즘은 타자의 타자성을 인정하는 의사소통 행위를 통한 포괄적 이성으로서의 '의사소통 이성' 내지 '의사소통적 합리성'을 바탕으로 인간 본질을 점진적으로 그려 간다. 그러한 디지털 시대의 인간 본질에 관한 '합의'의 지속은 인간성에 대한 온전한 이해로 수렴될 것이며, 그로 인하여 디지털 휴머니즘은 담론적이라고 부를 수 있겠다.

넷째, 디지털 휴머니즘은 현재적(Practical) 성격을 갖는다. 포스트휴먼 연구가 예견하는 사상, 생체, 권력의 전환은 명확하게 현상하고 있음에도 불구하고 현시대를 살아가는 인간들에게 아직은 꽤 먼 지점에 있는 것처럼 보인다. 그러나 지금에 안주하고 있는 인간들에게 포스트휴먼 연구에서 논의되는 전환적인 특성들은 무시하지 못할 현실이다. 그래서 포스트휴먼 연구에서 논의되는 주제들을 한 단계 앞당겨서 인간에게 당장 와닿는 형식으로 전달할 수 있는 인간학이 반드시 요구되며, 그 사이에서 마중물 역할을 충분히 수행할 수 있는 것이 바로 디지털 휴머니즘이다. 물론 캐서린 헤일스와 같은 포스트휴머니스트들은 이미 인류는 포스트휴먼이라고 선언하지만, 접두사 '포스트'의 포괄성으로 인하여 일반적인 사람들의 피부에 체감되기 힘들다. 따라서 '포스트'에 앞서서 현대의 주된 사회현상으로 나타나고 있는 디지털 기술을 주된 뼈대로 삼는 '디지털' 휴머니즘의 교량으로서의 제구실이 요구된다. 예를 들어보면 디지털 휴머니즘은 인간중심주의가 여태 만연한 사회에서 포스트휴먼 연구가 탈인간중심주의를 주장하는 의도를 이해하고 공론장에서의 건설적 논쟁을 통하여 의사소통적 합리성에 근거한 다자 간 합의를 주도하고자 한다. 또한 포스트휴면 연구 중에 과학과 기술을 통한 인간 향상을 추구하려는 의지에 대하여 인간에게 주어지는 윤리적 층위에서의 지위와 그에 따른 책임을 바탕으로 속도를 늦춰 윤리적 공백 상태를 줄이고자 노력한다. 그리고 그러한 인간과 비인간 사이의 탈경계 의지는 인간 정체성에 막대한 혼란을 가져올 수도 있는데, 디지털 휴먼 기술처럼 비침습적인 방식으로 인간과 비인간의 관계를 먼저 고려할 수 있는 단계를 한 차례 더 제공한다면 혼란을 완화할 수 있다. 더하여 디지털 기술로 인한 인간 삶의 여러 영역의 대체 가능성으로부터 인간의 존엄성과 같은 인간 본질 가치로 여겨지는 것들에 대하여 철학적인 지반을 구성해 가고자 애쓴다. 고로 디지털 휴머니즘은 사회현상의 변화에 따라 인간학적 본질은 유지한 채 언제든지 변용될 수 있는 인간학이라고 할 수 있다.

마지막으로 디지털 휴머니즘은 먼저 제시된 네 가지 성격을 아우르는 것으로서 성찰적(Introspective) 성격을 갖는다. 디지털 휴머니즘은 시간적으로 현재, 즉 '지금'에 집중하고자 하는 인간학이며, 지금으로서는 디지털 기술은 대표적인 현대 기술임이 자명하므로 현대 기술의 특성을 그대로 취할 것이다. 하이데거(Heidegger)에 따르면 기술(techne)은 근원적으로 탈은폐의 방식인

데, 전통적인 기술의 탈은폐와 현대 기술의 탈은폐는 굉장히 다른 양상을 보인다. 전자는 "포이에시스(poiesis)적 탈은폐"로 일컬어지며 자연이나 존재자의 고유성을 함부로 건들지 않는 데 반해, 후자는 "현대 기술적 탈은폐"로 불리며 인간을 몰아세워 자연을 파괴하고 인간 현존재를 포함한 존재자들을 부품화한다(이선일, 2001, p.5). 그는 현대 기술적 탈은폐의 몰아세움(Gestell)의 방식이 자연과 존재하는 모든 것들을 부품(Bestand)화하는 동시에 인간마저도 부품화한다고 여긴다. 이때 몰아세움은 인간이 자기 자신과 관계하는 것을 위협함으로써 자신의 본질을 경험하지 못하도록 방해하는데, 몰아세움의 위험 앞에서 하이데거는 인간에게 새로운 태도로서 '성찰적 사유'를 요구한다(이서규, 2002; 이선일, 2001). 성찰적 사유는 인간과 비인간의 경계를 넘나들며 인간과 비인간의 관계를 본래적이지 않게 변질하려는 현대 디지털 기술에 제동을 건다. 나아가 성찰적 사유를 바탕으로 인간은 인간을 포함한 존재자의 고유한 의미에 대하여 냉철하게 바라보게 되며, 이는 디지털 기술의 포이에시스적 탈은폐를 가능케 하고 인간 존재의 진리로 다가서도록 돕는다. 성찰적 사유로의 전환은 기술 세계를 향한 맹목적 거부가 아니며 오히려 그 안에 자신을 내맡기는

"초연한 내맡김(Gelassenheit)"(Heidegger, 1959)에 이르러 디지털 기술 시대와 새로운 관계를 맺고 인간이 자신의 본질을 회복하도록 도울 수 있다. 그래서 디지털 휴머니즘은 성찰적 사유를 바탕으로 인간만의 정체성에만 다가서지 않고 디지털 기술을 포함한 모든 존재자의 고유한 의미를 변형시키지 않고 되찾고자 지향한다. 이 같은 성찰적 성격은 디지털 휴머니즘의 횡단적, 책임적, 구성적, 현재적 성격으로부터 이루어지는 인간학적 사유가 적절한지 끊임없이 판단할 수 있게 한다. 그러한 사유의 순환 작용을 통해 디지털 휴머니즘은 인간 본질에 한층 가까워질 수 있게 된다.

궁극적으로 디지털 휴머니즘은 근대 사유의 산물로서의 고정된 인간성으로부터 한계를 발견하고 수정해 나가고자 하는 포스트휴먼 연구의 입지를 보존하되, 메타버스, 인공지능, 디지털 휴먼과 같이 인간과 비인간의 경계를 흩트리고 있는 디지털 기술이 난무하는 직접적인 현실이 고려되고 반영될 수 있는 방향성도 견지한다고 논할 수 있겠다. 이에 디지털 휴먼 기술의 발전 방향을 디지털 휴머니즘의 성격으로부터 추적하며 흐려진 경계를 탈주하는 인간과 기술을 끝까지 조명할 필요를 느껴본다.

참고문헌

문규민(2022). 『신유물론 입문: 새로운 물질성과 횡단성』. 경기: 두번째테제.

박성원 외(2019). 탈서구적 관점에서 본 트랜스휴머니즘 대응 전략. ≪동향과 전망≫, 107, 201-235쪽.

박소영(2019). 인공지능 시대 인간의 신체와 문학적 형상화: 사이보그, 트랜스휴먼, 포스트휴먼, 그리고 『뉴로맨서』. ≪문화와 융합≫, 41(4), 1157-1190쪽.

변순용(2004). 현대윤리학에서의 책임윤리에 대한 규범적 접근. ≪윤리연구≫, 55, 149-171쪽.

변순용(2014). 『삶의 실천윤리적 물음들』. 서울: 울력.

신승철(2017). 『구성주의와 자율성』. 서울: 알렙.

이서규(2002). 하이데거에서의 인간과 기술의 관계에 대한 고찰. ≪철학논총≫, 29, 295-310쪽.

이선일(2001). 하이데거와 현대 기술 비판. ≪대동철학≫, 14, 1-24쪽.

진교훈(2015). 『철학적 인간학입문(Ⅰ)』. 중판. 서울: 경문사.

Deleuze, G.(1964). *Proust et les signes*. Paris: Presses universitaires de France. 서동욱·이충민 역(2004). 『프루스트와 기호들』. 서울: 민음사.

Heidegger, M.(1959)(3 Aufl.). *Gelassenheit*. Verlag Günther Neske Pfullingen.

More, M.(1990). Transhumanism: Toward a Futurist Philosophy, *Extropy* 6 (Summer), pp. 6 – 12. Revised June 1994 and 1996.

Sheler, M.(1966). *Die stellung des menschen im kosmos*. Bern: Francke. 최재희 역(1976). 『인간의 지위』. 서울: 박영사.

방은찬

의정부부용초등학교 교사다. 서울교육대학교에서 인공지능 인문 융합 전공으로 교육학 석사 학위를 받았고, 현재 서울교육대학교에서 초등 윤리·인성 교육 전공 박사 과정에 재학 중이다. 경기도교육청과 서울특별시교육청의 인공지능 윤리 교육 장학 자료를 집필했다. 지금은 2022 개정 교육과정에 따른 초등 도덕과 국정 도서를 집필하고 있다. 주요 저서로 『AI와 인간 자유』(2024)가 있으며, 논문으로는 “메타버스 시대에 디지털 휴먼의 민주적 활용 가능성에 대한 윤리적 논의”(2022), “포스트휴먼 시대에 윤리적 대응을 위한 초등 도덕과교육의 방향”(2023), “인공지능 시대에 디지털휴머니즘의 인간학적 의미: 디지털 휴먼을 중심으로”(2024) 등이 있다.